編みやすくてかわいい
ベビーニット

michiyo

Cute Baby Knitting and Crochet Items Made Easy

文化出版局

item	page	how to make
ベビードレス、ソックス、ボンネット	4-5	34・38・39
にぎにぎ3種	6	40
レース模様の胴着	7	42
ベビーラップ	8	44
ストラップシューズ	9	46
イカリ模様の胴着	10	48
デッキシューズ風	11	47
耳当てつきトンガリ帽	12	50
おくるみ	13	51
ゴム編みグレコ	14	52
レッグウォーマー	15	65
ワンピースとブルマー	16-17	54・56
編込みヨークベスト	18-19	58
バルキージャケット	20-21	57
セーラーカラーのプルオーバー	22-23	60
アラン模様のポンチョ	24	62
かぎ針編みのキャップ	25	64
ボーダーカーディガン	26-27	66
かぎ針編みのベスト	28	68
ガーター編みのベスト	29	70
アラン模様のパンツとスカート	30-31	72
サイズについて	33	
この本で使用した糸	33	
編み物の基礎	74	

ベビードレス、ソックス、ボンネット

ベビーのお祝い着として、最初に着せてあげたいドレスセット。
赤ちゃんのかわいさが引き立つように、派手になりすぎないデザインにしました。
小さなソックスと顔回りにぴったりフィットするボンネットもおそろいで編んでください。
ドレスは、歩くようになったらロングカーディガンとしても着られます。

編み方 ベビードレス **34** ページ
ソックス **38** ページ
ボンネット **39** ページ

サイズ ドレス〜 **70**cm、ソックス約 **8**cm

にぎにぎ 3 種

ドロップがついているリング、丸モチーフを組み合わせたもの、
ねんねのお供にぴったりな羊の3種類。どれも赤ちゃんが握りやすい形です。
中に鈴を入れたり、ひもに通してオーナメントにしてもいいですね。

編み方 **40** ページ

レース模様の胴着

ポップルを入れたかぎ針編みの立体的な編み地は、
水玉模様をイメージしました。
無地のロンパースなどに重ねると、かわいさがより引き立ちます。

編み方 42ページ
サイズ ～75cm

ベビーラップ

赤ちゃんを優しく包み込んでくれるベビーラップは、
まっすぐ編んでボタンをつけるだけ。
新生児のお昼寝からお出かけまで長く使える優れものです。
ボタンをとめる位置を変えれば、足もとの長さを調整できます。

編み方 **44**ページ

ストラップシューズ

定番のストラップシューズは、小さいながらも、底面から4本針で拾って編んでいきます。
一足あると室内でもお出かけでも重宝しますし、贈り物としても喜ばれるアイテムです。

編み方 46ページ
サイズ 8〜9cm　11〜12cm
（写真は左8〜9cm、右11〜12cm）

イカリ模様の胴着

マリンテイストに仕上げた胴着です。
大好きなイカリマークは編込みではなく、地模様で控えめに入れました。
体温調節が苦手な赤ちゃんに、ちょっと一枚着せたいときに便利です。

編み方 **48**ページ
サイズ 〜75cm

デッキシューズ風

ミニチュアとして飾りたくなるくらいのかわいさです。
糸の太さを変えれば、同じ製図でサイズ違いが編めるので、
赤ちゃんの足のサイズに合わせて選んでください。

編み方 **47**ページ
サイズ 8〜9cm　11〜12cm
（写真は下8〜9cm、上11〜12cm）

耳当てつきトンガリ帽

細長く編んだ帽子の先端をひと結びして、キュートな仕上りに。
耳当てはあとから拾うので、着用する季節によってはつけなくても。

- 編み方 **50**ページ
- サイズ 44〜46cm　48〜50cm
  （写真は左44〜46cm、右48〜50cm）

12

おくるみ

北欧のファブリックをイメージして作った、かぎ針編みのおくるみです。
3色つかっているので複雑に見えるかもしれませんが、編み方は意外と簡単。
シックな色合いなので、赤ちゃんが大きくなったら、
大人用にするのもよさそうです。

編み方 51ページ

ワンピースとブルマー

女の子のかわいさを倍増させる、ワンピースとブルマーのセット。
スカートは短めにして、縞のブルマーを見せるのがポイントです。
ワンピースの下に重ね着すれば、夏以外のシーズンも楽しめます。

編み方 ワンピース 54 ページ
ブルマー 56 ページ
サイズ 75cm　85cm（写真は85cm）

編込みヨークベスト

丸ヨークのベストは、衿ぐりから編み下げます。
フェアアイル風の模様も、かぎ針で編むとそんなに難しくありません。
リネン糸で、さらりとした仕上がりにしました。

- 編み方 58ページ
- サイズ 80cm　90cm
  （写真は左ページ80cm、右ページ90cm）

バルキージャケット

2本どりでざくざく編んだ、男の子にも女の子にも似合うジャケット。
難しい技法は使わないので、初めてウェアに挑戦する人にもおすすめです。

編み方 **57**ページ
サイズ 80cm　90cm（写真は80cm）

セーラーカラーのプルオーバー

かぎ針編みなので、重くならないように7分袖にして軽さを出しました。
セーラーの衿も、身頃から続けてまっすぐ編むだけの簡単な構造です。

編み方 60ページ
サイズ 80cm　90cm
（写真は左ページ80cm、右ページ90cm）

アラン模様のポンチョ

中央のアラン模様の両サイドで目をどんどん増やしていきます。
少し手の込んだアラン模様ですが、小さいから頑張れると思います。

編み方 **62** ページ
サイズ **90cm**

かぎ針編みのキャップ

お出かけの日差しよけにも便利な、つばつきの帽子。
長編みがメインだから、あっという間に編めるのもうれしい。
女の子用にはコサージュをつけて。

編み方 **64**ページ
リイズ 44〜46cm　48〜50cm
（下の写真は上44〜46cm、下48〜50cm）

ボーダーカーディガン

トリミングにキャンディカラーをつかって元気なイメージに仕上げました。
衿ぐりから編み下げるので、着丈も袖丈も好きな長さで編み終われます。

編み方 66ページ
サイズ 80cm　90cm
（写真は左ページ80cm、右ページ90cm）

かぎ針編みのベスト

かぎ針編みの地模様ベストは
甘くなりすぎないようにダブルボタン仕立て。
後ろはふんわりとボリュームを出して、
脇にはひもをつけました。

編み方 **68**ページ
サイズ **80cm　90cm**
（写真は 90cm）

ガーター編みのベスト

2色の糸を引きそろえて編むと、ミックスヤーンに見えます。
面倒なポケットはかぎ針で別に編んであとからつけるだけ。
立体的でかわいいうえに、アクセントにもなります。

編み方 **70**ページ
サイズ **80cm　90cm**（写真は80cm）

アラン模様のパンツとスカート

目を引くこと間違いなしの、アラン模様のボトム。
前後で模様の数を変えているだけなので、難しくありません。
スカートはタイト風ですが、柔らかく伸縮性があるので動きやすいです。

編み方 72ページ
サイズ 80cm　90cm（写真はパンツ80cm、スカート90cm）

とても久しぶりにベビーウェアを編みました。
小さくて小さくて、びっくりします。

オーガニックコットンをはじめ、
肌に優しいベビー用の糸で編んでいると、
ふんわりと優しい編み心地にいやされます。
ミニチュアを作っているような小さなかわいらしさに
でき上がってまたいやされ、
着てもらえるのが待ち遠しくなります。

ベビーはあっという間に大きくなるので
多くのアイテムで2サイズ展開にしました。
赤ちゃんのサイズに合わせて選ぶことができます。
またカーディガンなどは左前にして
男女どちらでも着られるユニセックス仕様にしています。

新しい家族へ、お孫さんへ、友人の出産のお祝いに、
小さくて楽しい贈り物をぜひ編んであげてください。

編み物でHAPPYになりますように。

michiyo

サイズについて

生まれてから2歳くらいまでの間に、赤ちゃんは大きく成長します。身長も足も頭回りもどんどん大きくなるので、この本では、赤ちゃんのサイズで選べるように作品によって2サイズの編み方を紹介しています。

2サイズある作品の編み図は、下記表のa、b、c、dでそれぞれの寸法、目数、段数を表わしています。各作品の仕上りサイズと参考寸法表を参考にして、赤ちゃんに合ったサイズを選んでください。

また、手編みの作品はゲージによって仕上りサイズが大きく変わってきます。編みたい作品が決まったら、まずは試し編みをして表示どおりのゲージになるか確認してから編んでください。

参考寸法表

	ウェアのサイズ（身長）	シューズのサイズ	帽子のサイズ	月齢
a	60cm	8〜9cm		〜3か月
b	70cm、75cm		44〜46cm	6〜12か月
c	80cm	11〜12cm		12〜18か月
d	85cm、90cm		48〜50cm	18〜30か月

この本で使用した糸

● ハマナカ ポーム《無垢綿》クロッシェ
　綿（ピュアオーガニックコットン）100％／25g玉巻（約107m）
● ハマナカ ポーム《無垢綿》ベビー
　綿（ピュアオーガニックコットン）100％／25g玉巻（約70m）
● ハマナカ ポーム《彩土染め》
　綿（ピュアオーガニックコットン）100％／25g玉巻（約70m）
● ハマナカ ポーム クロッシェ《草木染め》
　綿（ピュアオーガニックコットン）100％／25g玉巻（約107m）
● ハマナカ ポーム コットンリネン
　綿60％、麻（リネン）40％（綿、麻ともにピュアオーガニック）／25g玉巻（約66m）
● ハマナカ ポーム ベビーカラー
　綿（ピュアオーガニックコットン）100％／25g玉巻（約70m）

● ハマナカ かわいい赤ちゃん《ピュアコットン》
　綿（超長綿）100％／40g玉巻（約120m）
● ハマナカ フラックスC
　麻（リネン）82％、綿18％／25g玉巻（約104m）
● ハマナカ フラックスK
　麻（リネン）78％、綿22％／25g玉巻（約62m）
● ハマナカ アプリコ
　綿（超長綿）100％／30g玉巻（約120m）

糸に関するお問合せ先は、80ページをご覧ください。
商品情報は、2014年3月現在のものです。

ベビードレス 4-5 ページ

サイズ ～70cm

- **糸** ハマナカ ポーム《無垢綿》ベビー
  生成り（11）220g
- **用具** 5号、6号 2本棒針　6/0号かぎ針
- **その他** 直径1.5cmのボタン 6個
- **ゲージ** 模様編み A　21目が10cm、16段が5cm
  模様編み B　21目27段が10cm四方
  2目ゴム編み（5号針）
  25目27段が10cm四方
- **サイズ** 胸囲51cm　着丈51.5cm　ゆき丈31cm

- **編み方**　糸は1本どりで、指定の針で編みます。
後ろ、右前、左前身頃は6/0号針でそれぞれ鎖編みで作り目し、図のように鎖編みを2目とばしながら6号針で鎖目の裏山を拾い、1段めを編みます。模様編みA、Bと2目ゴム編み（前のみ）を増減なく編みます。続けて図のように目を減らし、2目ゴム編みを編みますが、左前にはボタン穴をあけながら編みます。後ろの編終りは衿あきを最終段で伏止め、肩は休み目にします。前後の休み目どうしを引抜きはぎにします。袖は前後から目を拾い、2目ゴム編みと模様編みB、Cで編みます。編終りは引抜き編みと鎖2目を編んで止めます。
脇と袖下を続けてすくいとじにします。
衿は指に糸をかける方法で46目作り目し、メリヤス編みで減らしながら編み、編終りは休み目にします。衿回りをガーター編みで編み、編終りは伏止めにします。衿を巻きかがりでつけます。
右前にボタンをつけます。

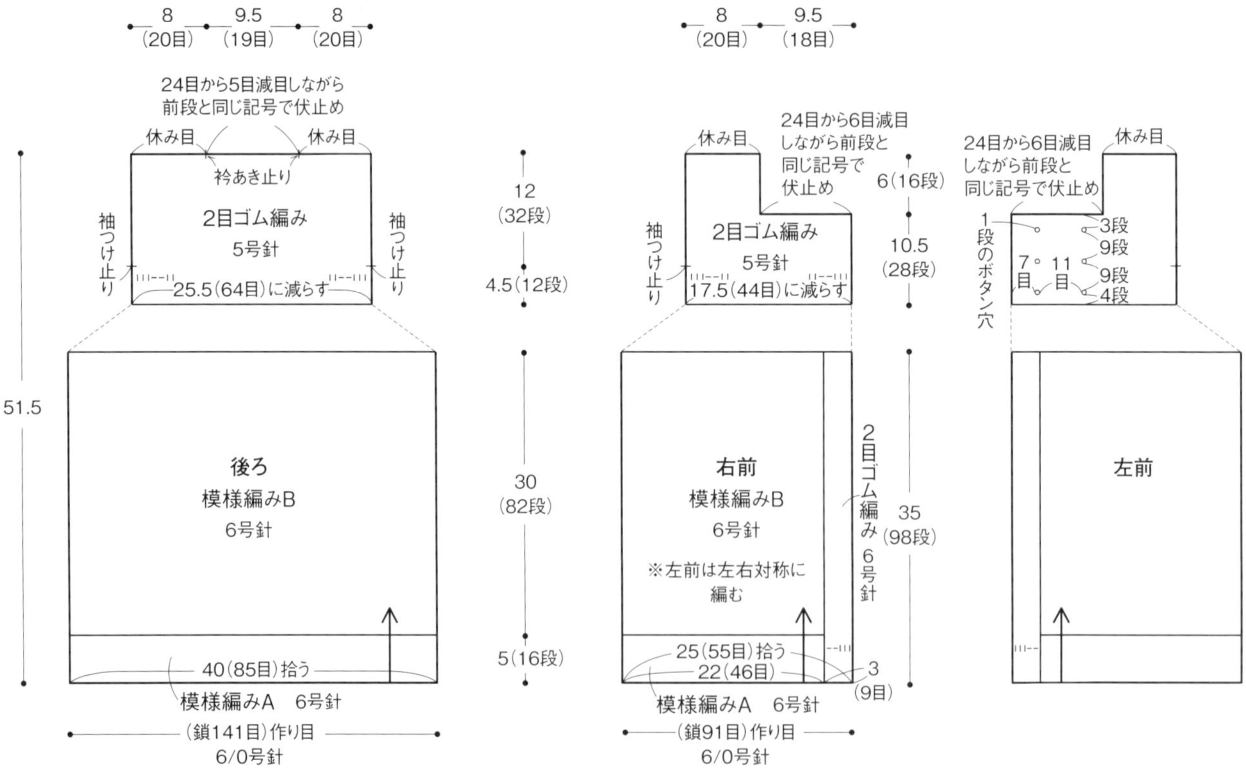

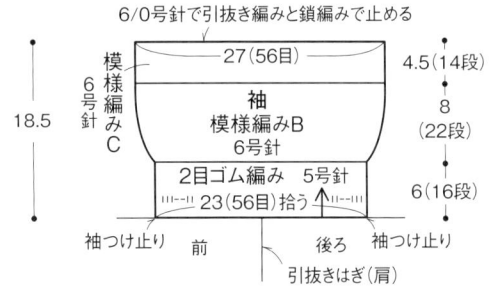

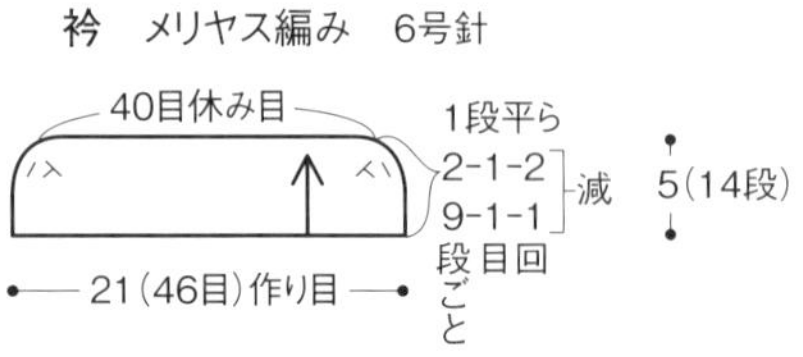

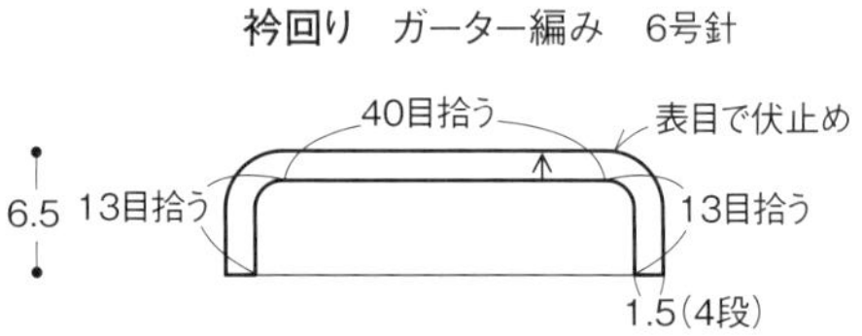

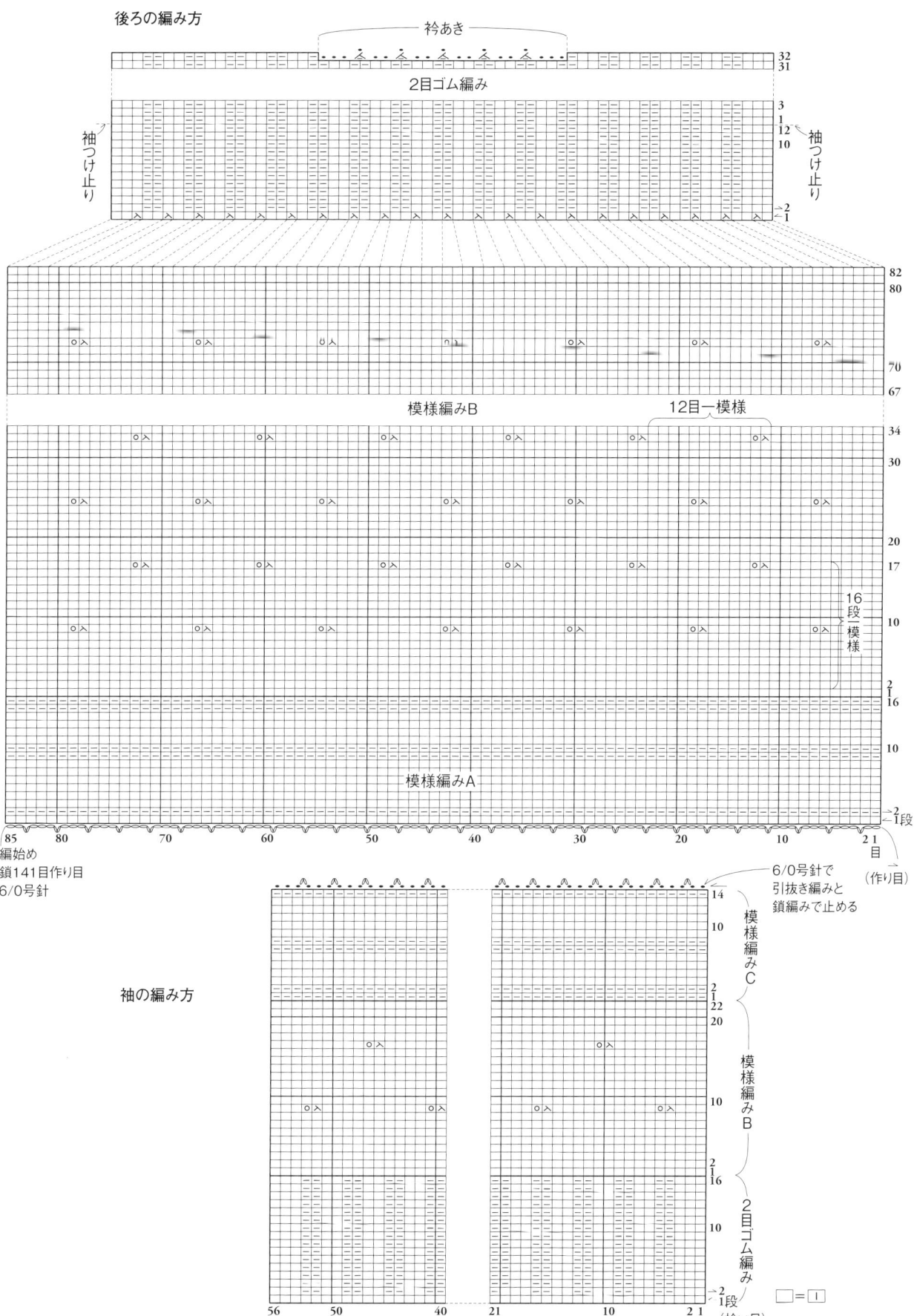

右前の編み方

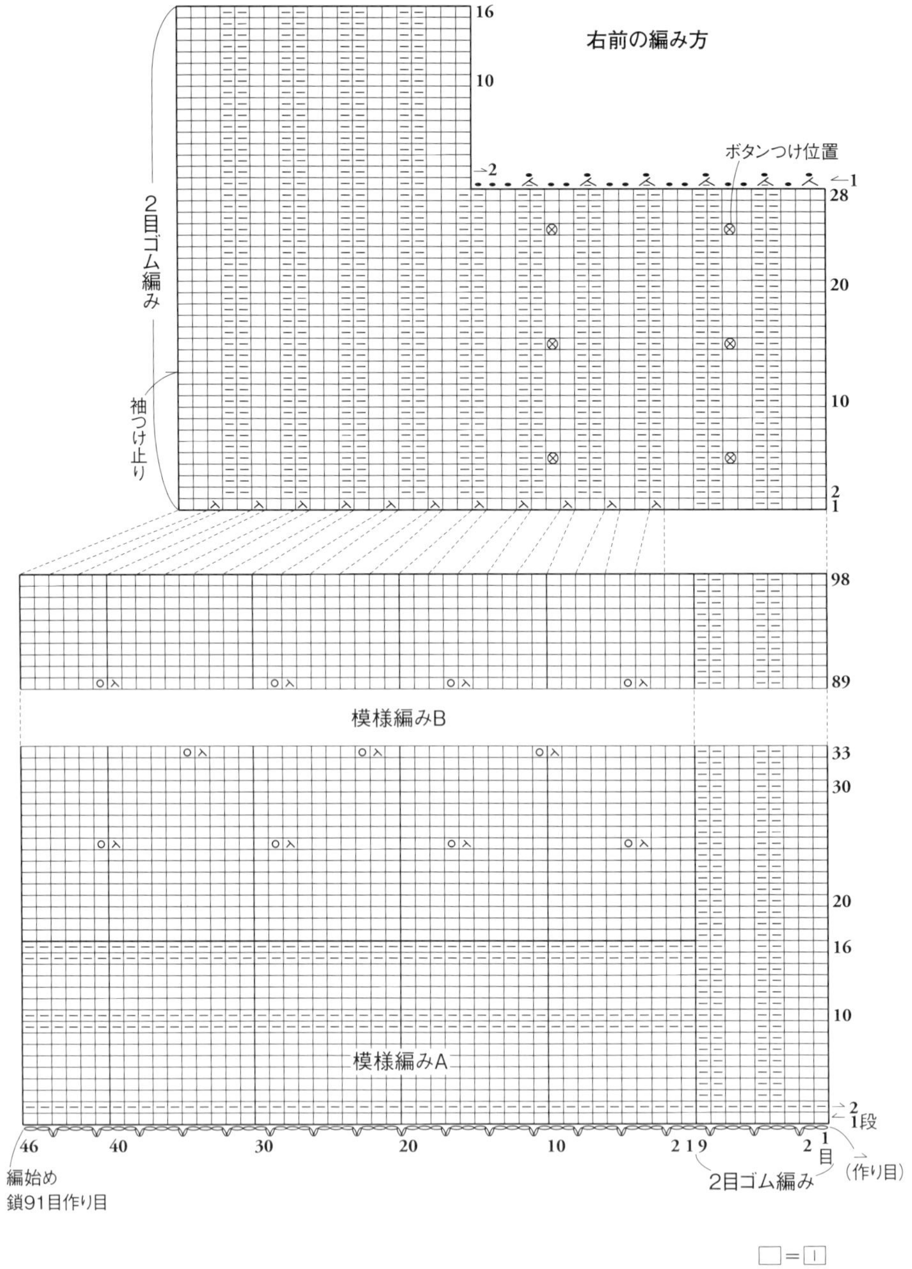

模様編みB

模様編みA

編始め
鎖91目作り目

2目ゴム編み

□ = □

衿の編み方

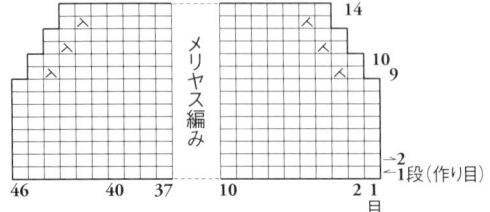

衿回りの編み方

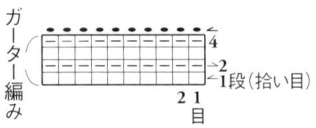

左前の編み方

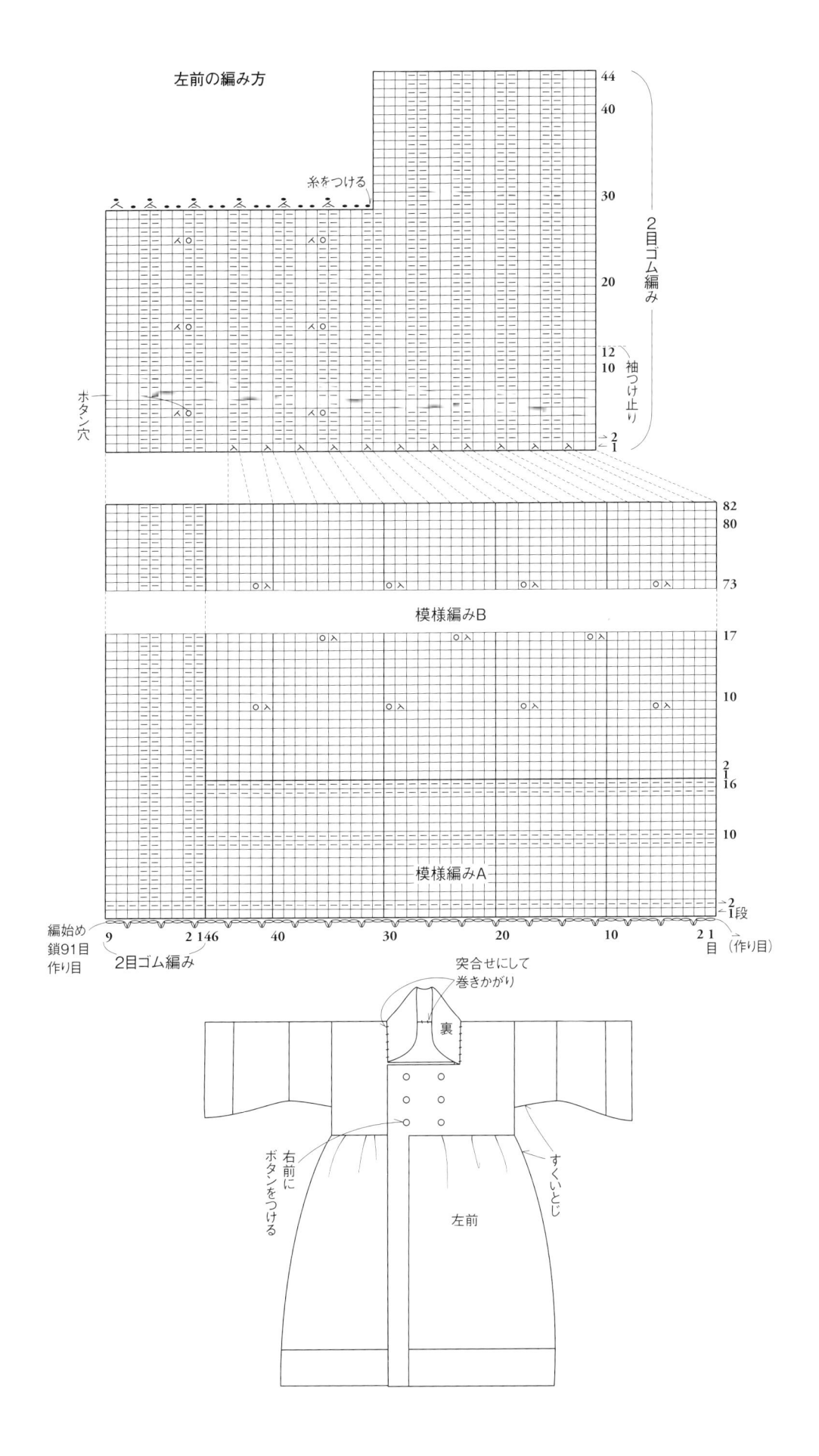

糸をつける

2目ゴム編み

袖つけ止り

ボタン穴

模様編みB

模様編みA

編始め 鎖91目 作り目

2目ゴム編み

1段 目 (作り目)

突合せにして 巻きかがり

裏

右前にボタンをつける

右前

すくいとじ

左前

にぎにぎ3種 6ページ

● 糸
ひも　ハマナカ ポーム《無垢綿》ベビー
　　　生成り（11）5g
リング型　ハマナカ かわいい赤ちゃん《ピュアコットン》
　　　生成り（6）、ブルー（4）各5g
ボール型　ハマナカ かわいい赤ちゃん《ピュアコットン》
　　　生成り（6）10g
　　　ハマナカ ポーム ベビーカラー
　　　黄色（93）5g
羊　ハマナカ ポーム《無垢綿》ベビー
　　　生成り（11）10g
● 用具　ひも　5/0号かぎ針
　　　リング型　5/0号かぎ針
　　　ボール型　5/0号、6/0号かぎ針
　　　羊　4号2本棒針　5/0号かぎ針
● その他　リング型と羊
　　　ハマナカ オーガニックわたわた（H434-301）
● ゲージ　羊　かのこ編み　21目40段が10cm四方
● サイズ　図参照

● 編み方　糸は1本どりで、指定の針と糸で編みます。
ひも
鎖編みで1目作り目し、図のように編みます。
リング型
リング部分は鎖編みで8目作り目し、細編みでわたを入れながら増減なく筒状に編み、編始めと編終りを巻きかがりではぎます。しずく部分は輪の作り目をし、わたを入れながら図のように編みます。リングにしずくを縫いつけます。
ボール型（1個分）
輪の作り目をし、図のように円形を4枚編みます。中表に半分に折って4枚を背中合せにし、中心と上下を縫いとめます。
羊
指に糸をかける方法で17目作り目し、かのこ編みとメリヤス編みでボディと顔を続けて編みます。ボディと顔をすくいとじにして筒状にし、わたを入れて両側を絞ります。耳と足を編み、縫いつけます。

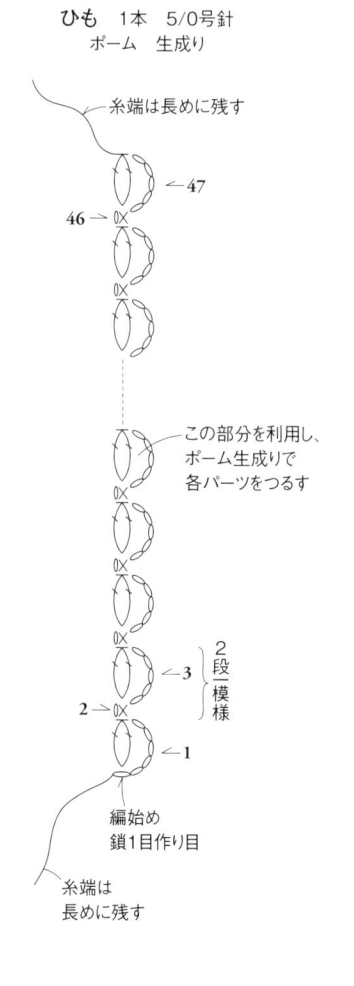

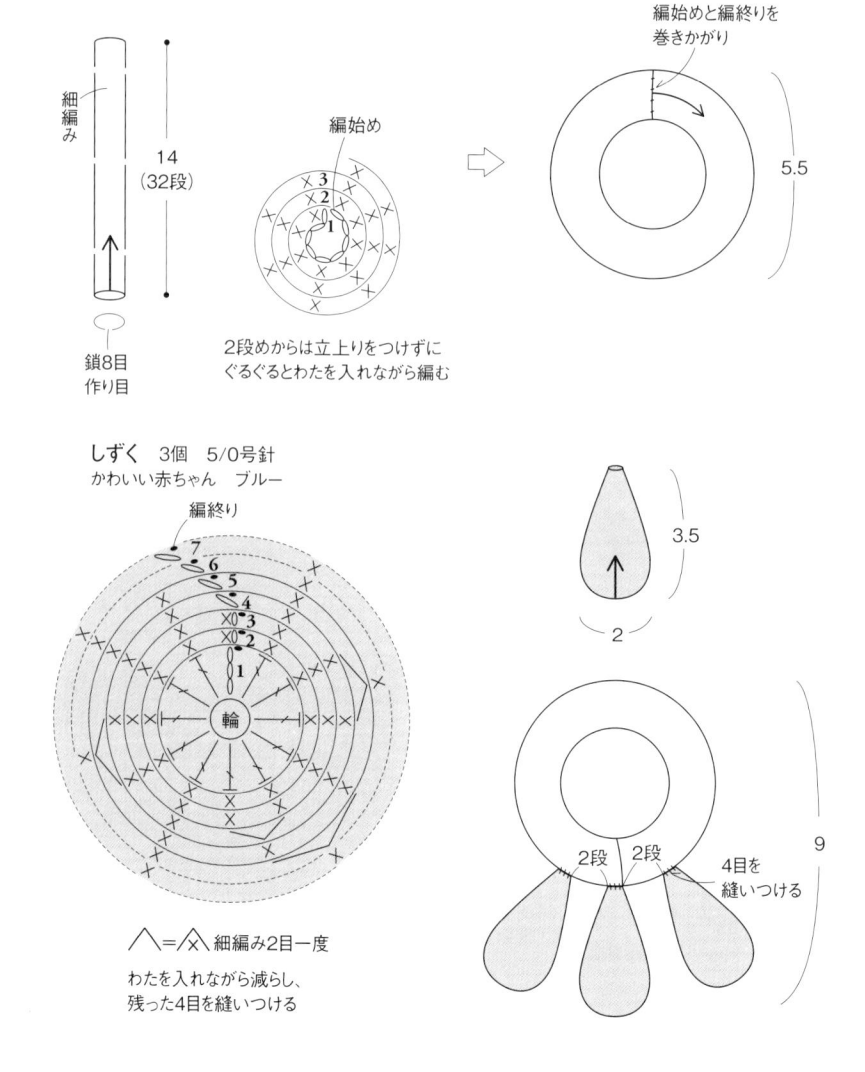

ボール型

かわいい赤ちゃん　生成り　8枚　5/0号針
ポーム　黄色　4枚　6/0号針

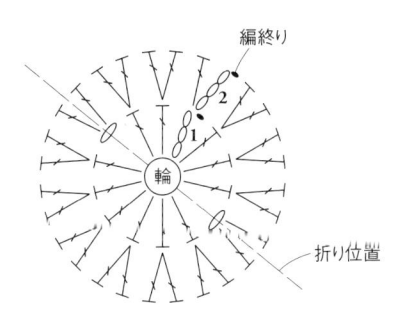

編終り
折り位置

仕上げ方

生成り2個、黄色1個作る

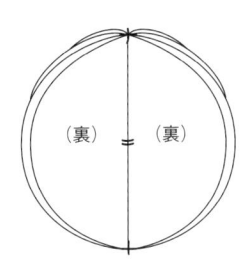

（裏）（裏）

折り位置から中表に二つ折りにし、
4枚を背中合せにして
中心と上下を縫いとめる

上下は十字にとめる

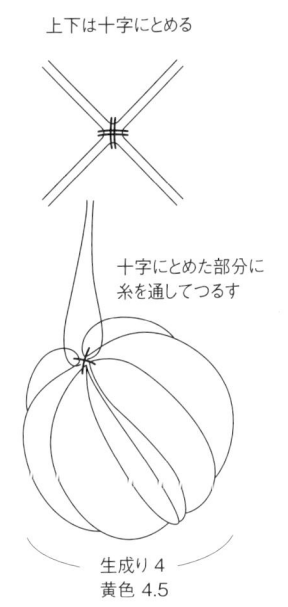

十字にとめた部分に
糸を通してつるす

生成り 4
黄色 4.5

羊

ポーム　生成り　4号針

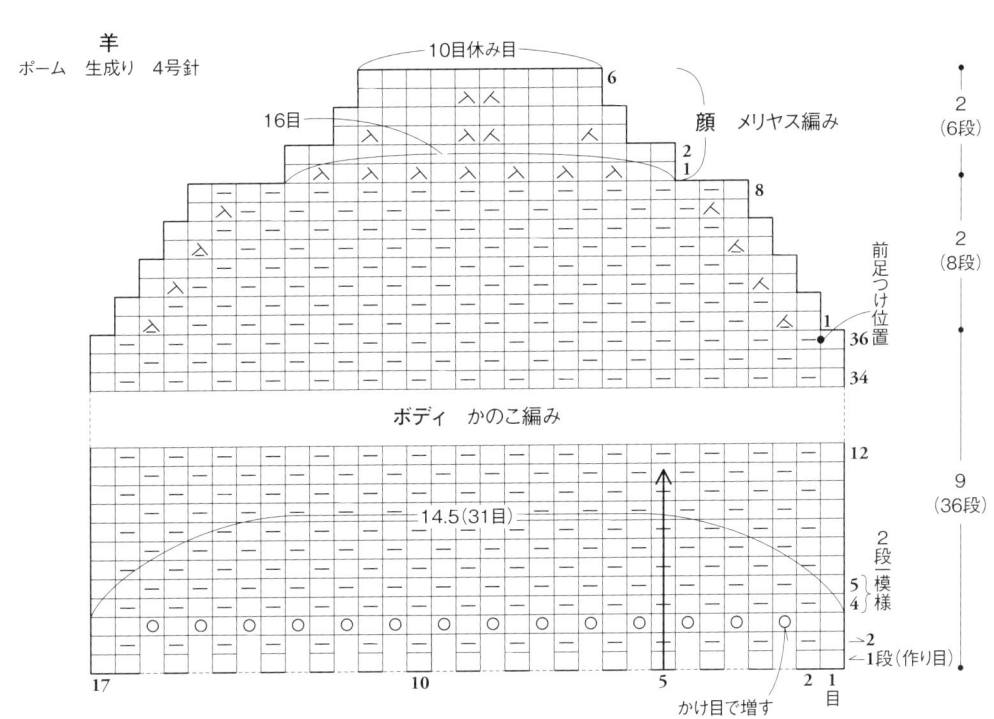

10目休み目
16目
顔　メリヤス編み
2
(6段)

前足つけ位置

2
(8段)

36
34

ボディ　かのこ編み

14.5(31目)

12

9
(36段)

2段
5 模様
4

2
1段(作り目)

17　　10　　5　　2 1目

かけ目で増す

17目作り目

約11
耳
わたはふんわりと
入れる
約14
作り目に
糸を通して絞る
残った10目に
糸を通して絞る
4.5
前足　すくいとじ　後ろ足

足
ポーム　生成り
2本　5/0号針

編始め　編終り

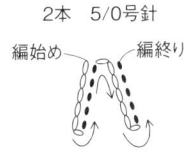

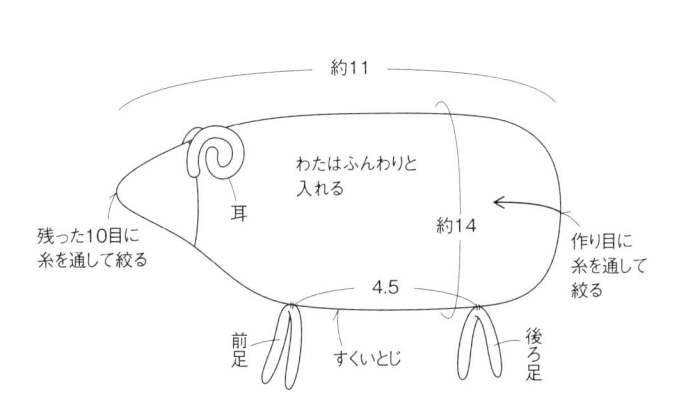

耳
ポーム　生成り
2本　5/0号針

編終り
編始め　鎖12目作り目

丸めて顔の横に
縫いつける

41

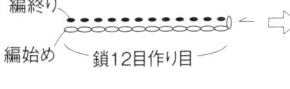

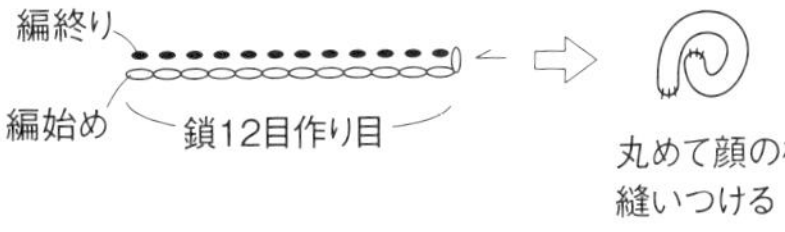

レース模様の胴着　7ページ

サイズ　～75cm

- 糸　ハマナカ　かわいい赤ちゃん《ピュアコットン》
  生成り（6）90g
- 用具　5/0号かぎ針
- ゲージ　模様編みA　8山10段が10cm四方
  　　　　模様編みB　29目16.5段が10cm四方
- サイズ　後ろ幅26cm、着丈27cm、背肩幅20cm

● 編み方　糸は1本どりで編みます。
鎖編みで1目作り目し、縁編みAで127段編みます。続けて縁編みAから目を拾い、前後身頃を模様編みAで12段編みます。模様編みBで図のように編みますが、袖ぐりからは前後を分けて編みます。肩を鎖はぎにします。
衿ぐりから目を拾い、縁編みBを編みます。
ひもを編んで指定の位置につけます。

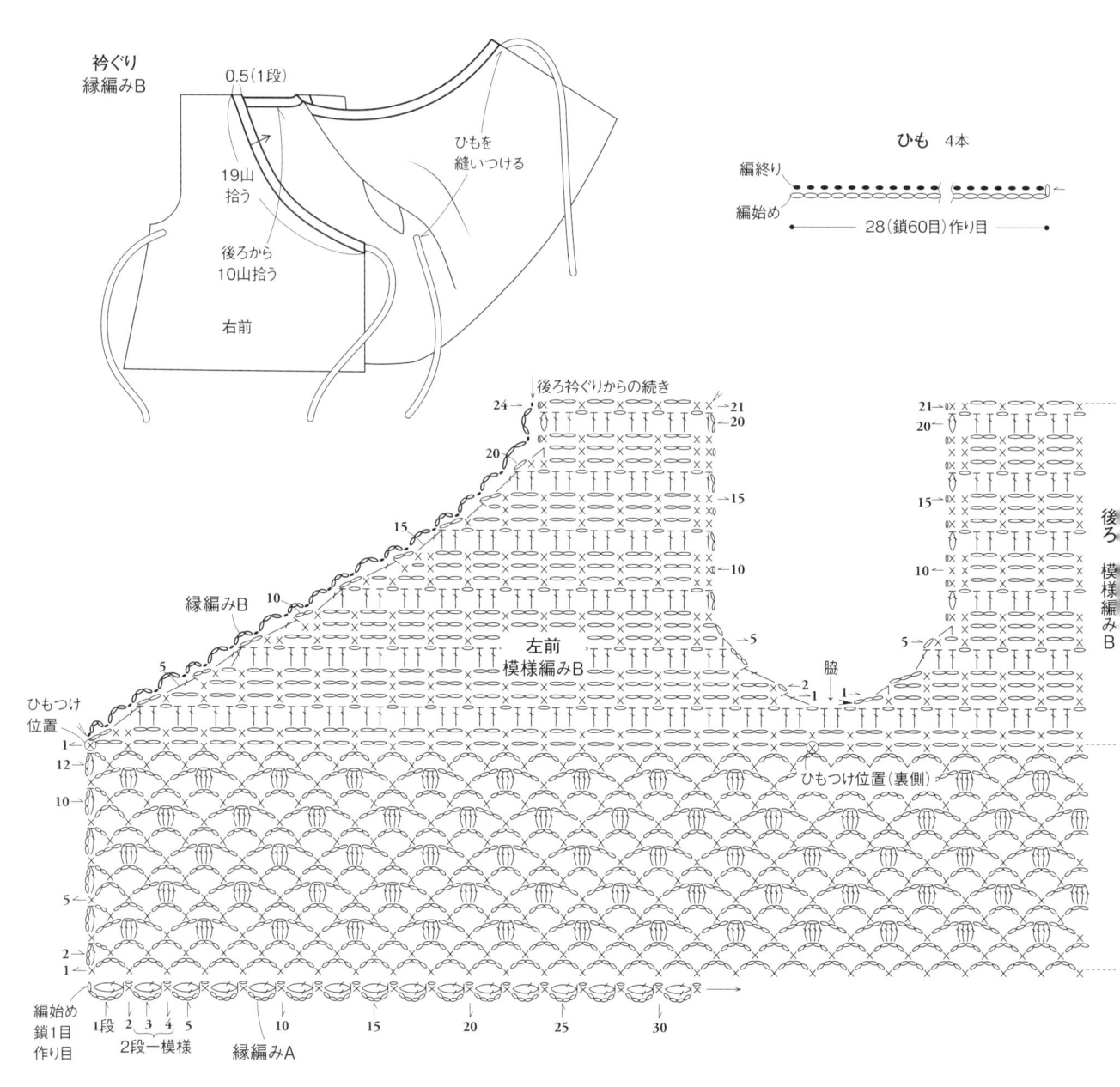

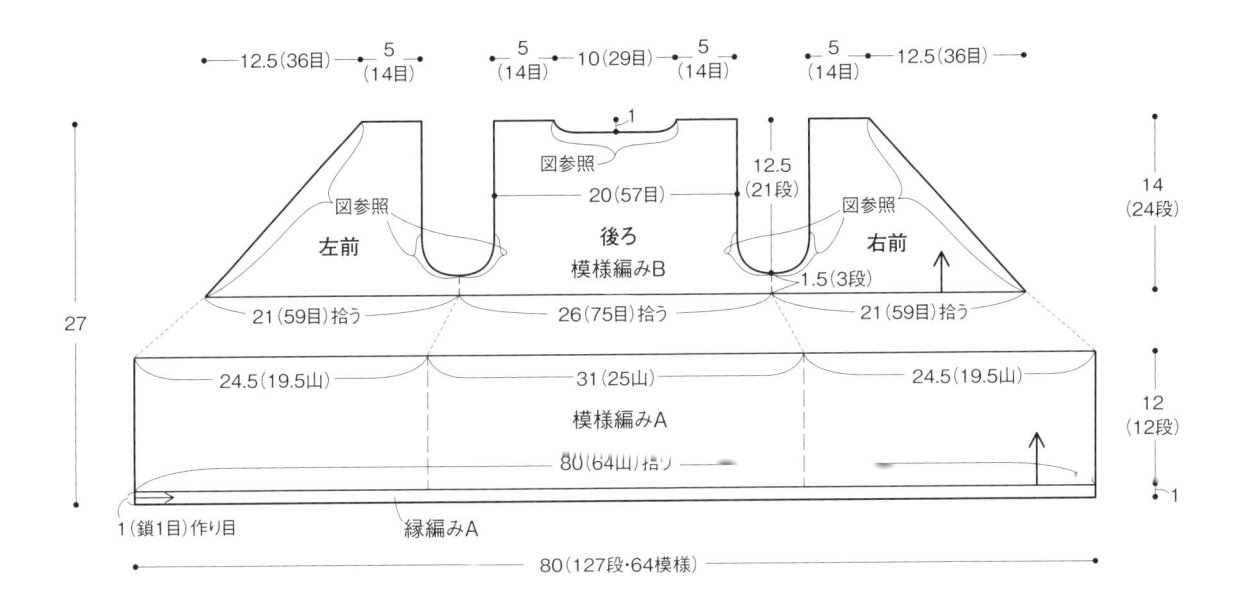

後ろ衿ぐりの編み方と縁編みB

- 12.5(36目) / 5(14目) / 5(14目) / 10(29目) / 5(14目) / 5(14目) / 12.5(36目)
- 図参照
- 20(57目)
- 12.5(21段)
- 1.5(3段)
- 左前 / 後ろ 模様編みB / 右前
- 21(59目)拾う / 26(75目)拾う / 21(59目)拾う
- 24.5(19.5山) / 31(25山) / 24.5(19.5山)
- 模様編みA
- 80(64山)拾う
- 1(鎖1目)作り目
- 縁編みA
- 80(127段・64模様)
- 27 / 14(24段) / 12(12段)

後ろ衿ぐりの編み方と縁編みB

- 左前へ続く / 縁編みB / 右前からの続き
- 後ろ中央

- 3目一模様
- 肩の鎖はぎ / 後ろ衿ぐりへ続く
- 4段模様
- 脇
- 右前 模様編みB
- 一山
- 縁編みB
- ひもつけ位置
- 模様編みA 4段一模様
- 2山一模様

- ✎ =糸をつける
- ✎ =糸を切る
- ⋀ = ⋀ 細編み2目一度

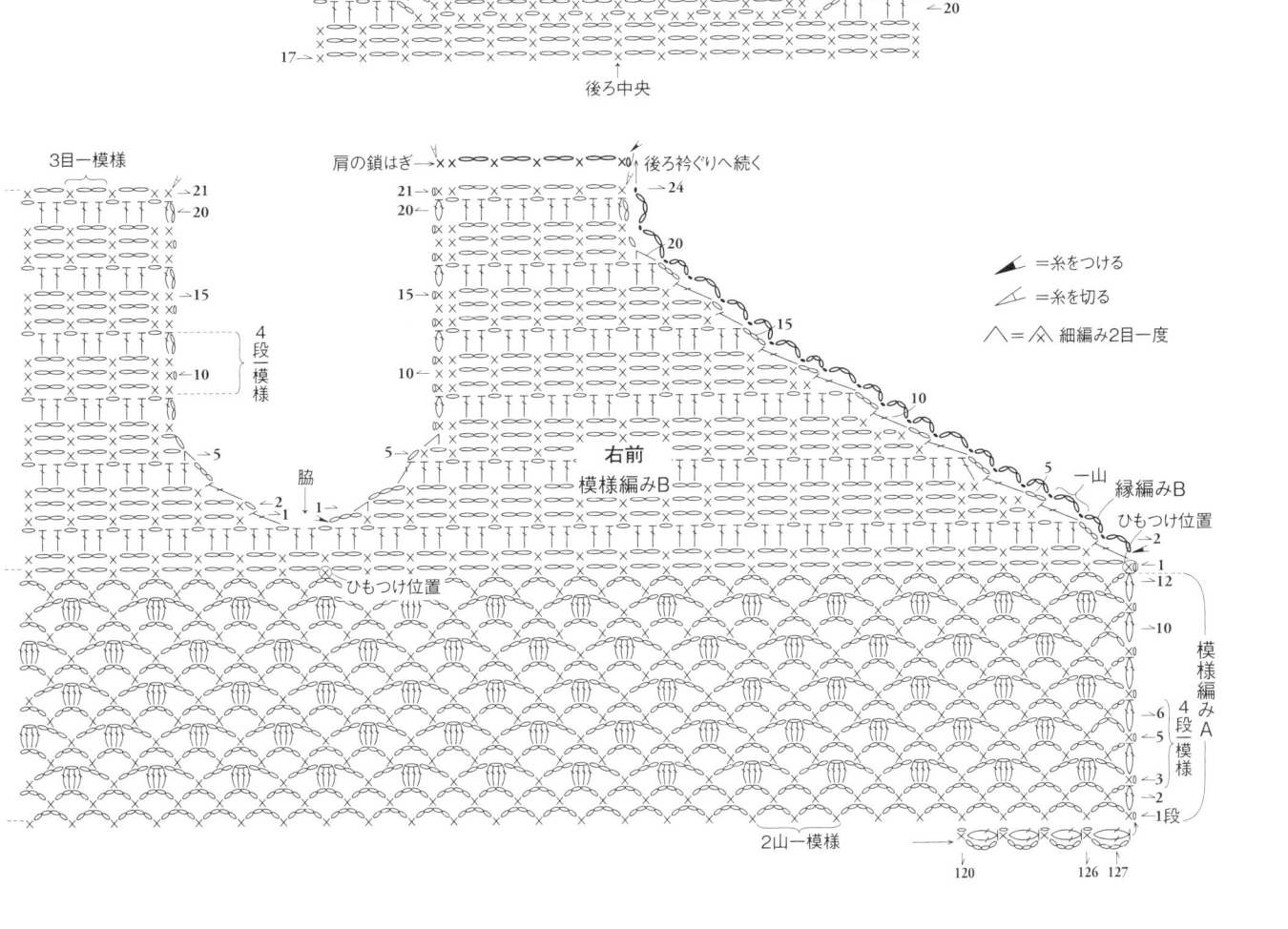

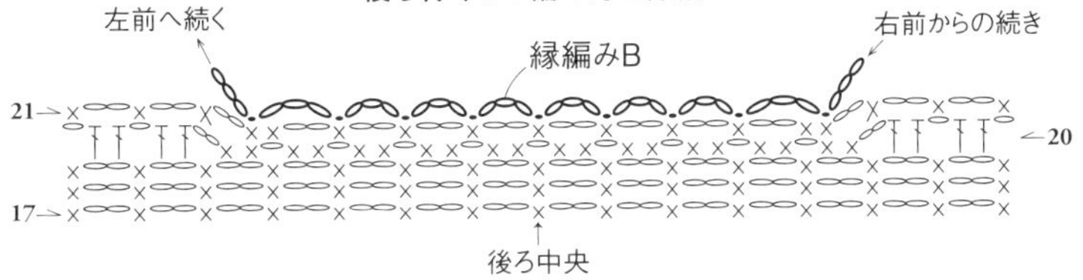

ベビーラップ 8ページ

- 糸　ハマナカ ポーム ベビーカラー
　　　水色（95）260g
- 用具　5号2本棒針
- その他　直径1.5cmのボタン10個
- ゲージ　模様編みA　28.5目30段が10cm四方
- サイズ　幅38cm、長さ76cm
- 編み方　糸は1本どりで編みます。

指に糸をかける方法で108目作り目し、2目ゴム編みを12段編みますが、両端にはボタン穴をあけます。続けて模様編みA、B、B'で両端にボタン穴をあけながら編みます。続けてフードを模様編みC、C'、Dと変りゴム編みで図のように減らしながら編みます。
編終りの休み目どうしを中表で引抜きはぎにします。
ボタンをつけます。

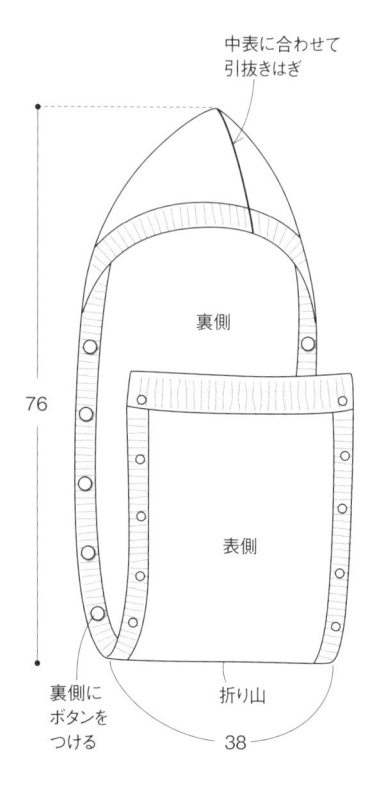

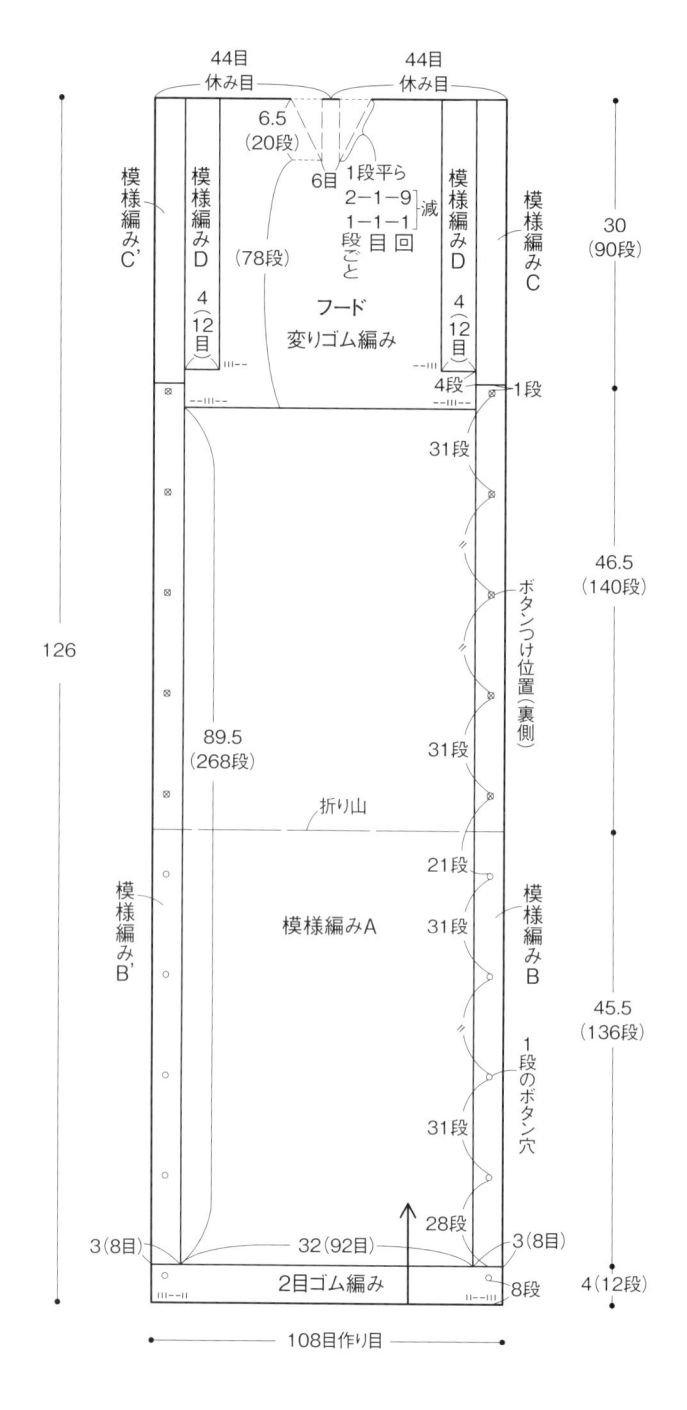

変りゴム編み、模様編みC、C'、Dの記号図とフードの減し方

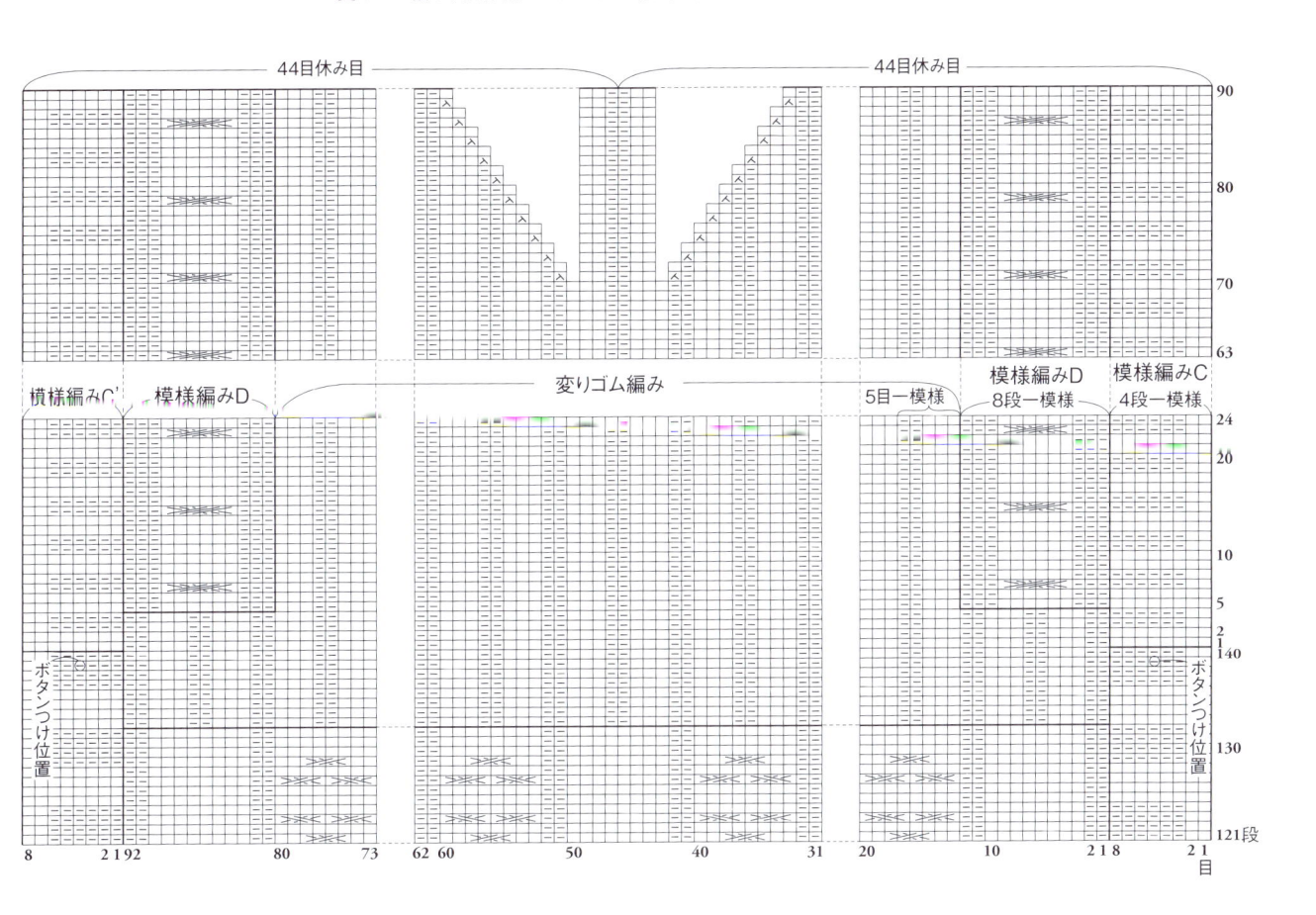

2目ゴム編み、模様編みA、B、B'の記号図

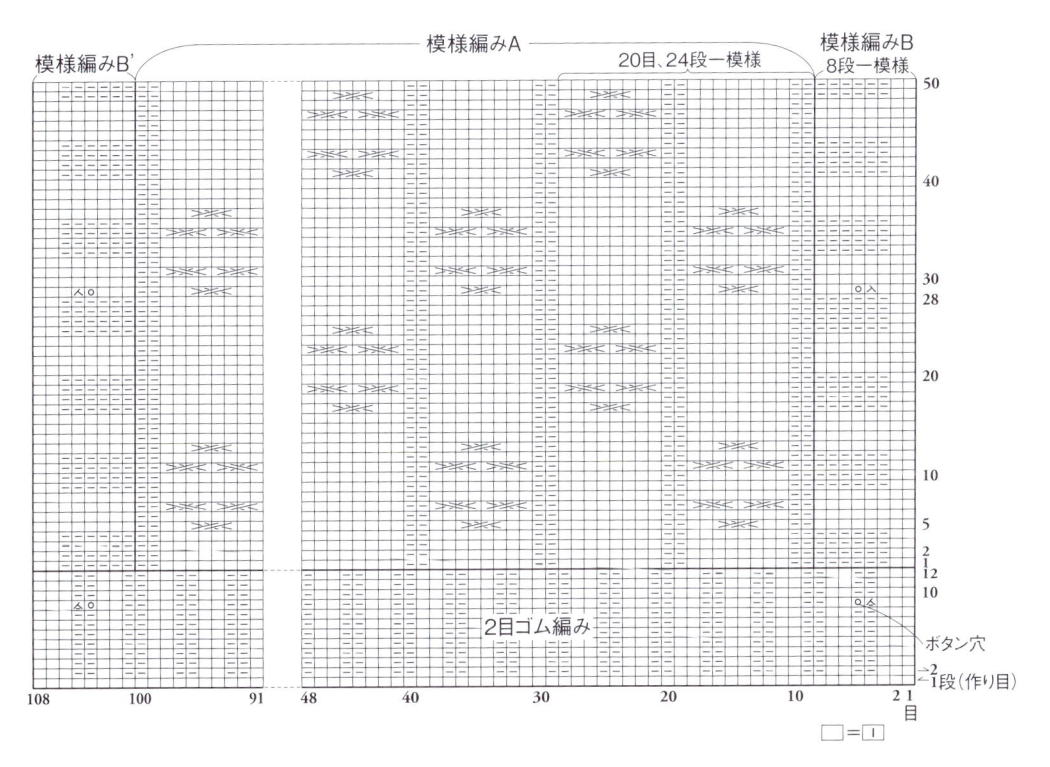

ストラップシューズ 9ページ

サイズ a＝8〜9cm、c＝11〜12cm

- **糸** ハマナカ ポーム ベビーカラー
  - a ローズピンク（96）10g
  - c アイスブルー（97）15g
- **用具** 5号4本棒針　5/0号かぎ針
- **その他** 直径1.2cmのボタン2個
- **ゲージ** メリヤス編み
  - 22目が10cm、10段が3cm
- **サイズ** 図参照

- **編み方** 糸は1本どりで、ストラップ以外は5号針で編みます。底は指に糸をかける方法で作り目し、ガーター編みで往復に編みます。続けて底の回りから拾い目し、側面をメリヤス編みで輪に編みますが、かかとは図のように目を減らします。甲を往復で編みながら側面の休み目と2目一度していき、続けて側面の2段を輪に編んで伏止めにします。
同じものを2つ編みます。
5/0号針でストラップを編み、左右対称になるようにストラップとボタンをつけます。

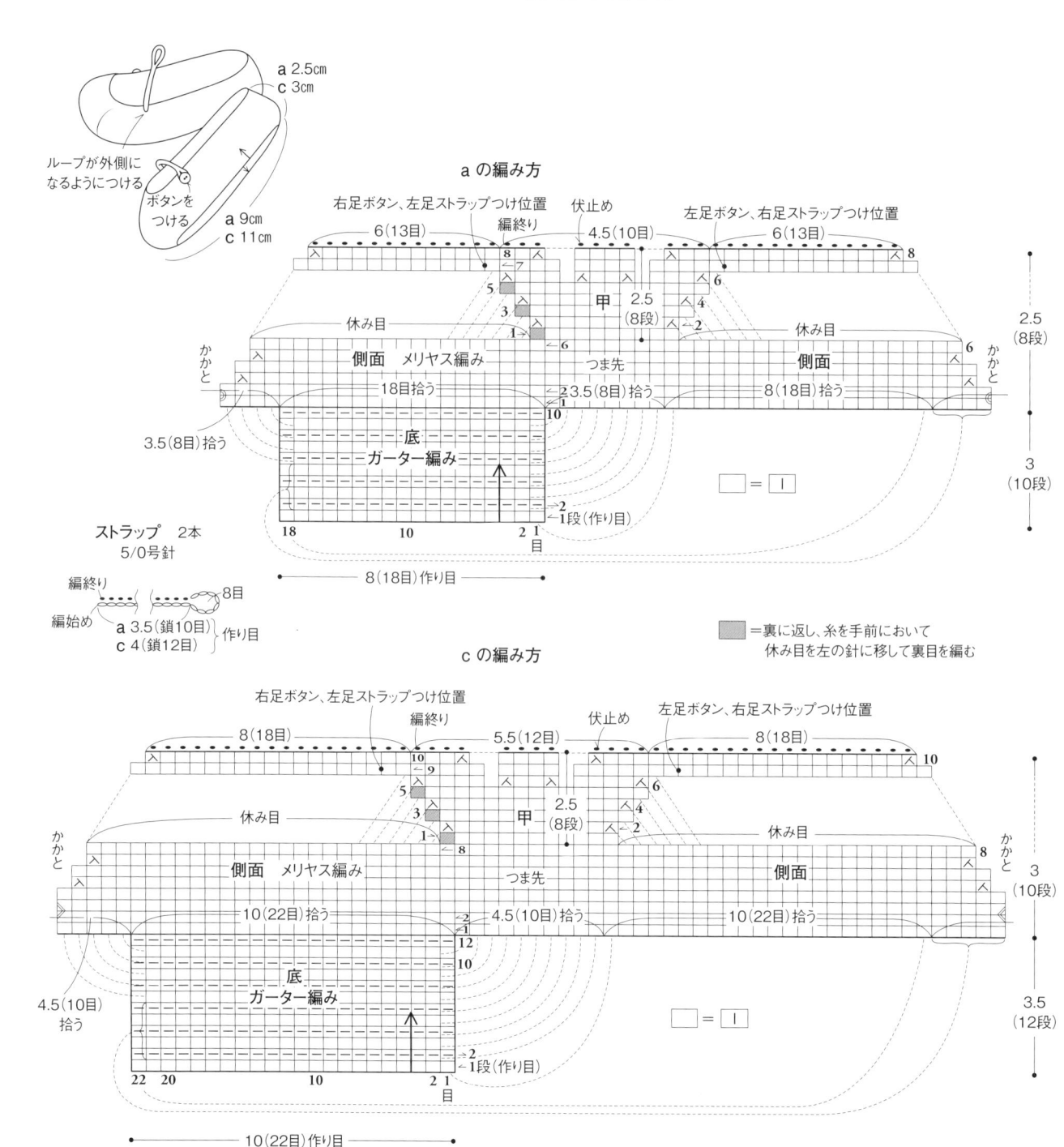

■ ＝裏に返し、糸を手前において休み目を左の針に移して裏目を編む

デッキシューズ風 11ページ

サイズ a＝8～9cm、c＝11～12cm

● 糸
a ハマナカ フラックスC
　赤（103）20g　白（1）少々
c ハマナカ フラックスK
　紺（17）25g　白（11）5g
● 用具　a 4/0号かぎ針　c 5/0号かぎ針
● ゲージ　細編み　a 11目が4.5cm、16段が5.5cm
　　　　　　　　　c 11目が5.5cm、16段が6.5cm
● サイズ　図参照

● 編み方　糸は1本どりで、指定以外a赤、c紺で編みます。
底は鎖編みで15目作り目し、模様編みで図のように増しながら輪に編みます。続けて側面を細編みで輪に4段編み、糸を切ります。指定の位置に糸をつけ、ひも通しを細編みで往復に編みます。底と側面の境目に白で引抜き編みを編みます。
甲は鎖編みで5目作り目し、細編みで図のように増しながら編みます。側面の甲つけ位置に甲をつけます。
同じものを2つ編みます。
ひもA、Bを編み、ひもAを図の位置に通し、Bをひも通し穴に通して結びます。

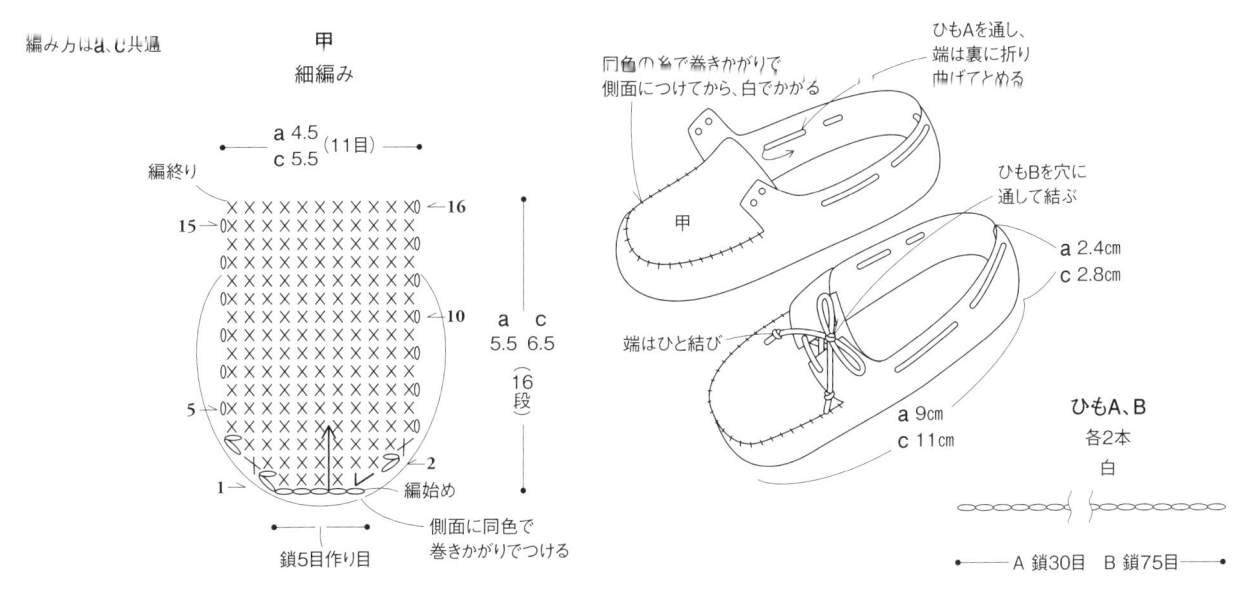

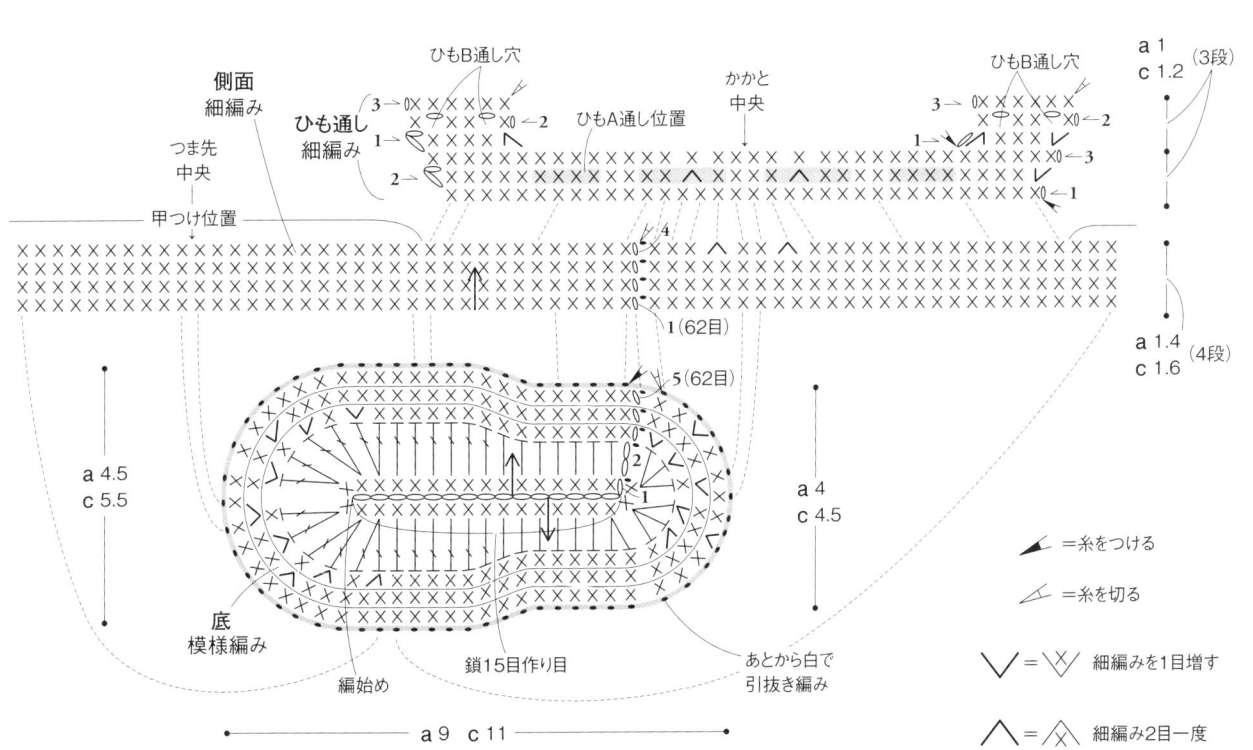

✎ ＝糸をつける
✎ ＝糸を切る
∨ ＝细编み ＝細編みを1目増す
∧ ＝ ＝細編み2目一度

イカリ模様の胴着　10ページ

サイズ　～75cm

- **糸**　ハマナカ ポーム《彩土染め》
  クリーム色（41）70g　グレー（45）10g
- **用具**　5号2本棒針　5/0号かぎ針
- **ゲージ**　メリヤス編み　22目29段が10cm四方
- **サイズ**　後ろ幅28cm、着丈27cm、背肩幅20cm

- **編み方**　糸は1本どりで、指定以外はクリーム色、ひも以外は5号針で編みます。
前後身頃は続けて指に糸をかける方法で162目作り目し、模様編みA～Dとメリヤス編みで図のように編みますが、袖ぐりからは前後を分けて編みます。肩を引抜きはぎにします。
外ひも、内ひもはそれぞれ2本ずつ編み、指定の位置につけます。

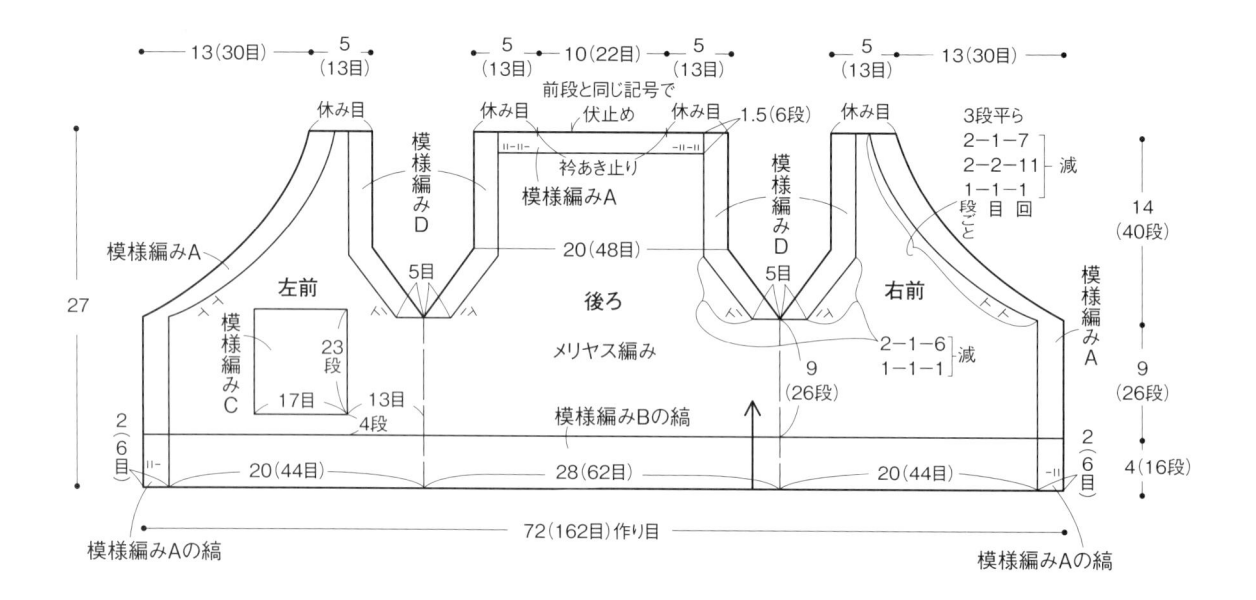

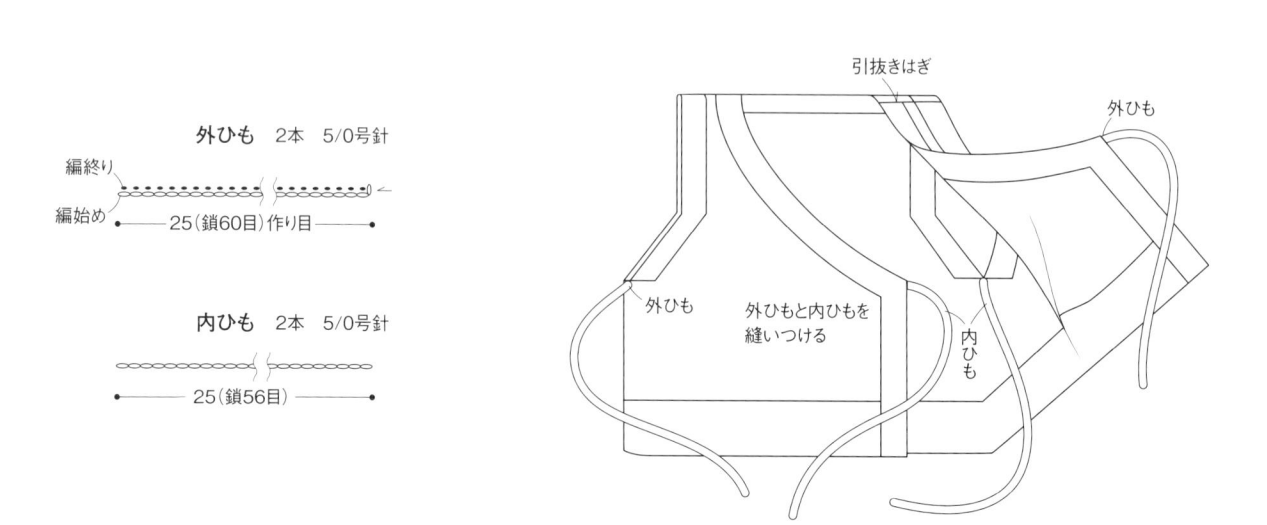

左前と後ろの編み方

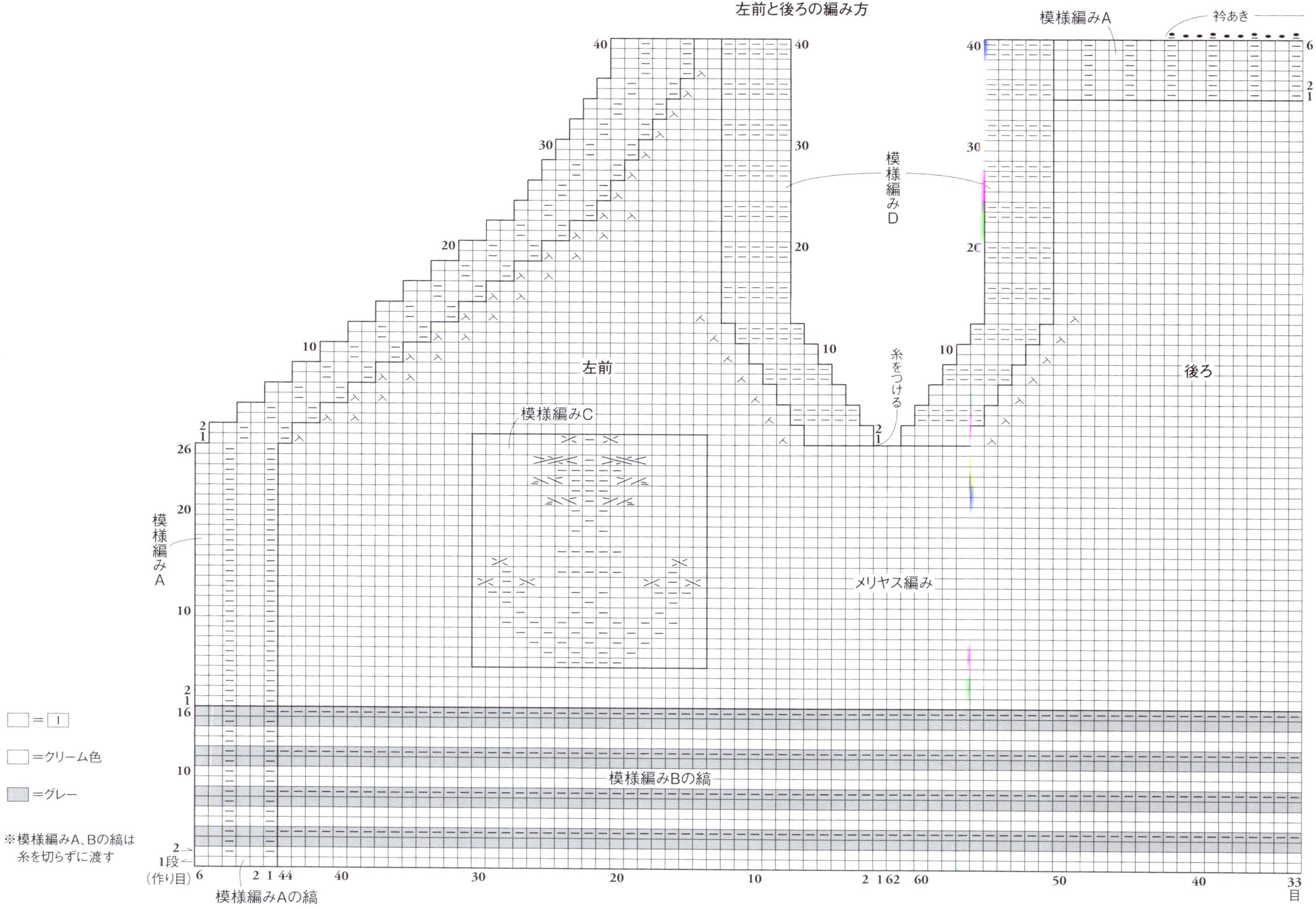

※模様編みA、Bの縞は糸を切らずに渡す

耳当てつきトンガリ帽 12ページ

サイズ b = 44〜46cm、d = 48〜50cm

● 糸
b ハマナカ ポーム《無垢綿》ベビー
　生成り（11）35g
d ハマナカ ポーム ベビーカラー
　アイスブルー（97）40g
● 用具　5号4本棒針　5/0号かぎ針
● ゲージ　メリヤス編み　22目30段が10cm四方
● サイズ　b 頭回り42cm、深さ21.5cm
　　　　　d 頭回り46cm、深さ24.5cm
● 編み方　糸は1本どりで、ひも以外は5号針で編みます。
指に糸をかける方法で作り目をして輪にし、模様編みとメリヤス編みで図のように減らしながら編み、残った8目に糸を通して絞ります。作り目から拾い目し、耳当てをガーター編みで編み、編終りは伏止めにします。
5/0号針でひもを編み、耳当てにつけます。
トップをしっかりとひと結びします。

指定以外はb、d共通　　帽子

残った8目に糸を通して絞る
2目休み目
減し方は図参照

b 21.5　d 24.5
b 23目　d 25目
メリヤス編み
b 42（92目）d 46（100目）作り目して輪にする
模様編み

b 20（60段）　d 23（68段）
8（23段）
1.5（6段）

耳当ての編み方

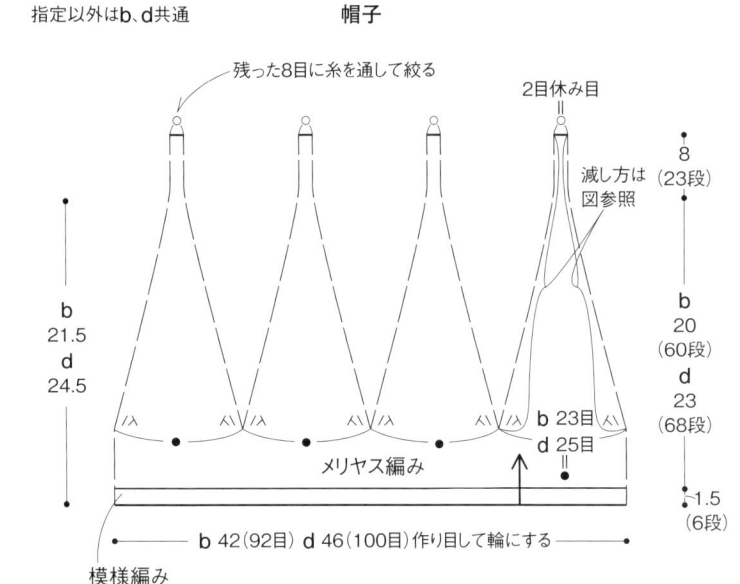

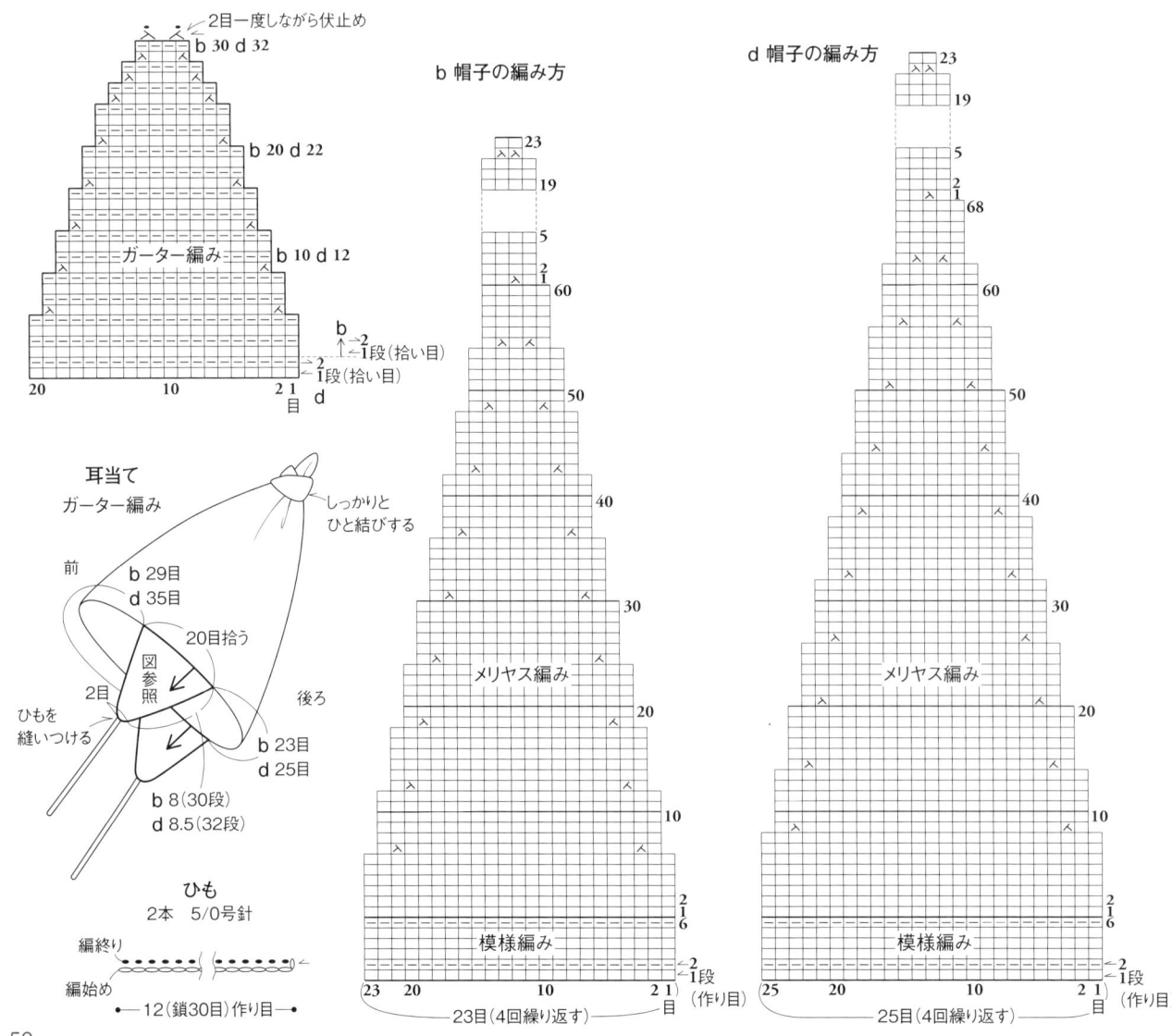

2目一度しながら伏止め
b 30 d 32
ガーター編み
b 20 d 22
b 10 d 12
b ↑2/1段（拾い目）
d 2/1段（拾い目）
20　10　2 1目

耳当て
ガーター編み
しっかりとひと結びする
前
b 29目 d 35目
20目拾う
図参照
2目
後ろ
ひもを縫いつける
b 23目 d 25目
b 8（30段）
d 8.5（32段）

ひも
2本 5/0号針
編終り
編始め
12（鎖30目）作り目

b 帽子の編み方

23
19
5
2 1
60
50
40
30
メリヤス編み
20
10
2 1 6
模様編み
2/1段（作り目）
23　20　10　2 1目
23目（4回繰り返す）

d 帽子の編み方

23
19
5
2 1
68
60
50
40
30
メリヤス編み
20
10
2 1 6
模様編み
2/1段（作り目）
25　20　10　2 1目
25目（4回繰り返す）

おくるみ 13ページ

- 糸　ハマナカ ポーム《無垢綿》クロッシェ
  生成り（1）130g
  ハマナカ ポーム クロッシェ《草木染め》
  灰黄色（71）85g　グレー（76）90g
- 用具　5/0号かぎ針
- ゲージ　模様編みの縞
  27目10段が10cm四方
- サイズ　73×73cm
- 編み方　糸は1本どりで、指定の配色で編みます。
  鎖編みで170目作り目し、模様編みの縞で増減なく62段編みます。続けて本体から目を拾い、縁編みの縞を図のように8段編みます。

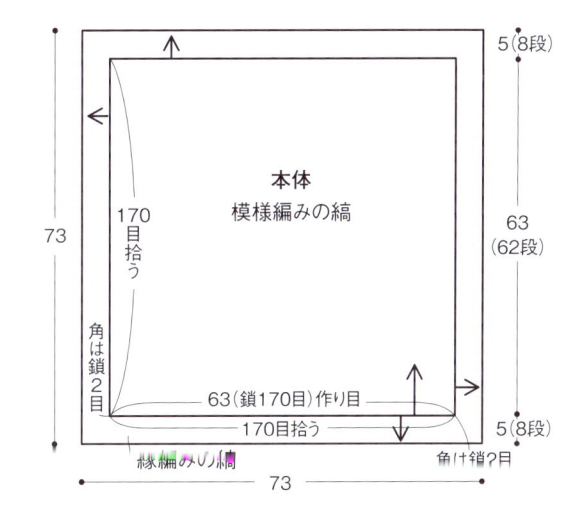

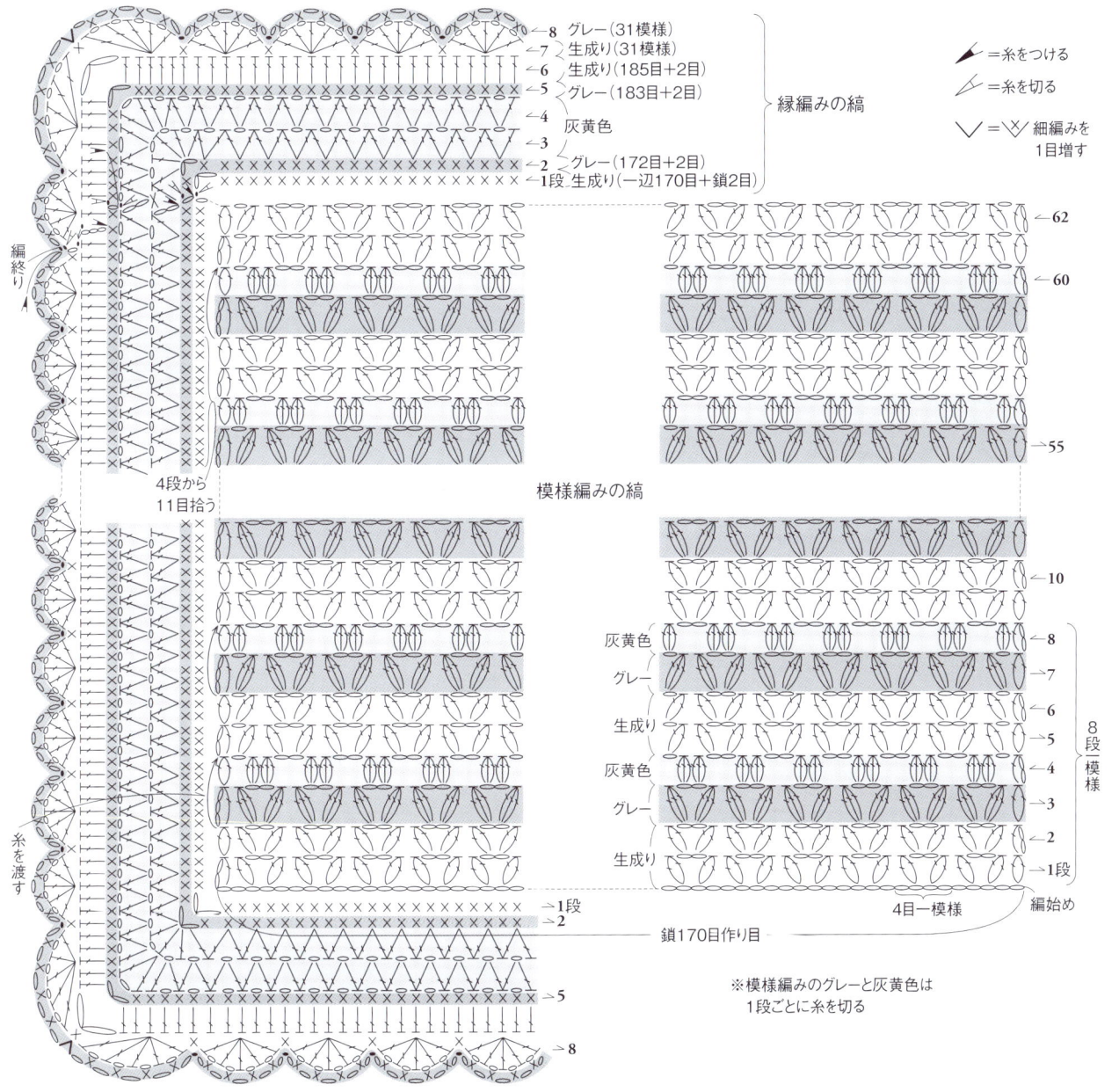

ゴム編みグレコ 14ページ

サイズ　b＝70cm、c＝80cm

- **糸**　ハマナカ ポーム ベビーカラー
  黄緑（94）b 75g　c 95g
- **用具**　5号4本棒針　4/0号かぎ針
- **その他**　ボタン　直径1.5cmを3個
  　　　　　　　直径1.2cmを1個
- **ゲージ**　2目ゴム編み　31目28段が10cm四方
- **サイズ**　b 身幅18cm、着丈38.5cm
  　　　　　　c 身幅20.5cm、着丈42cm

- **編み方**　糸は1本どりで、指定の針で編みます。
指に糸をかける方法で作り目して輪にし、前後身頃を2目ゴム編みで増減なく編みます。前後ヨークは拾い目し、それぞれ2目ゴム編みと模様編みで往復に編みます。作り側から拾い目し、股を2目ゴム編みでボタン穴をあけながら編みます。
前あきに引抜き編みとボタンかけループを編みます。
前後の合い印どうしを引抜きはぎにします。
ボタンをつけます。

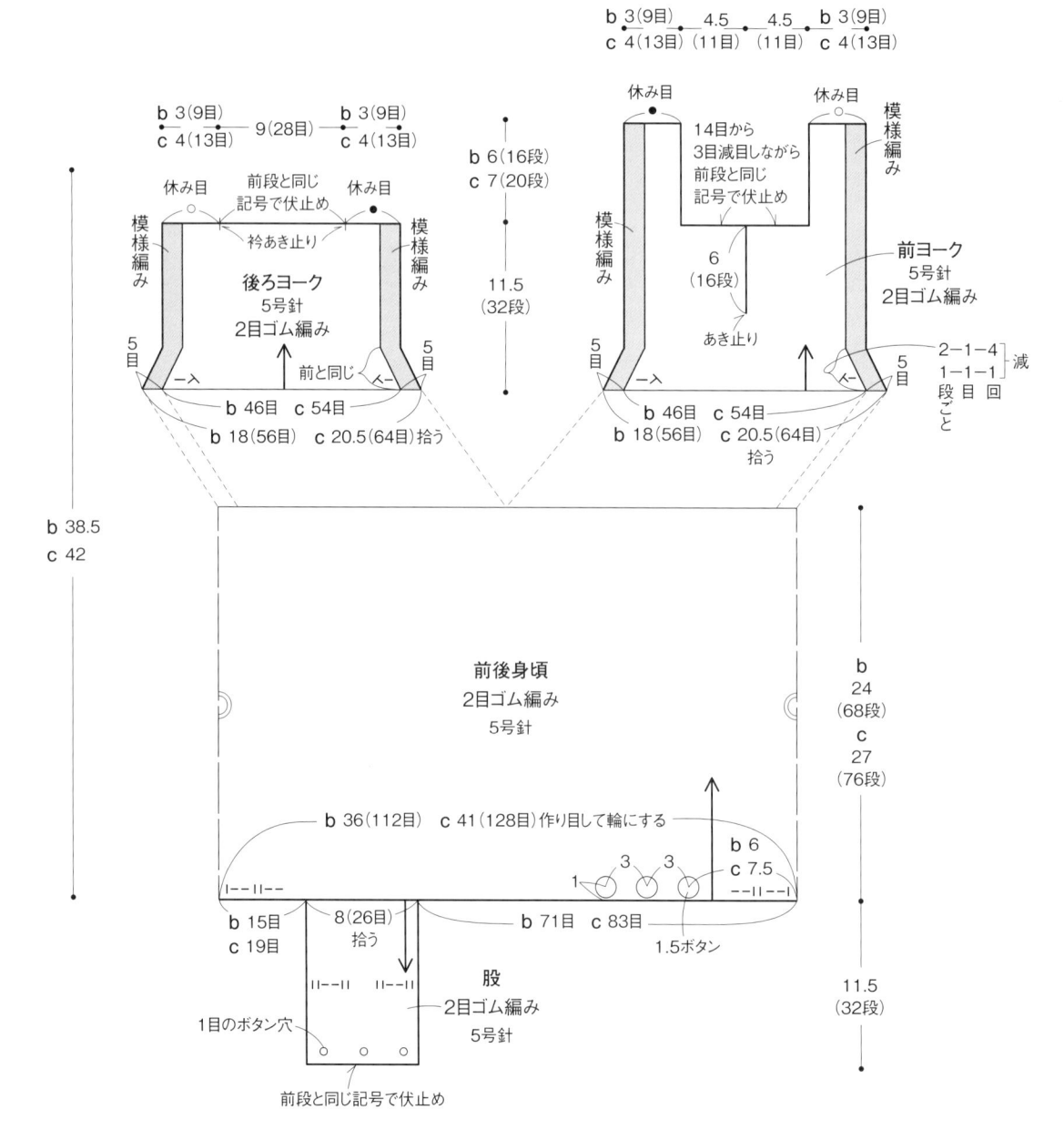

指定以外はb、c共通

前ヨークの編み方

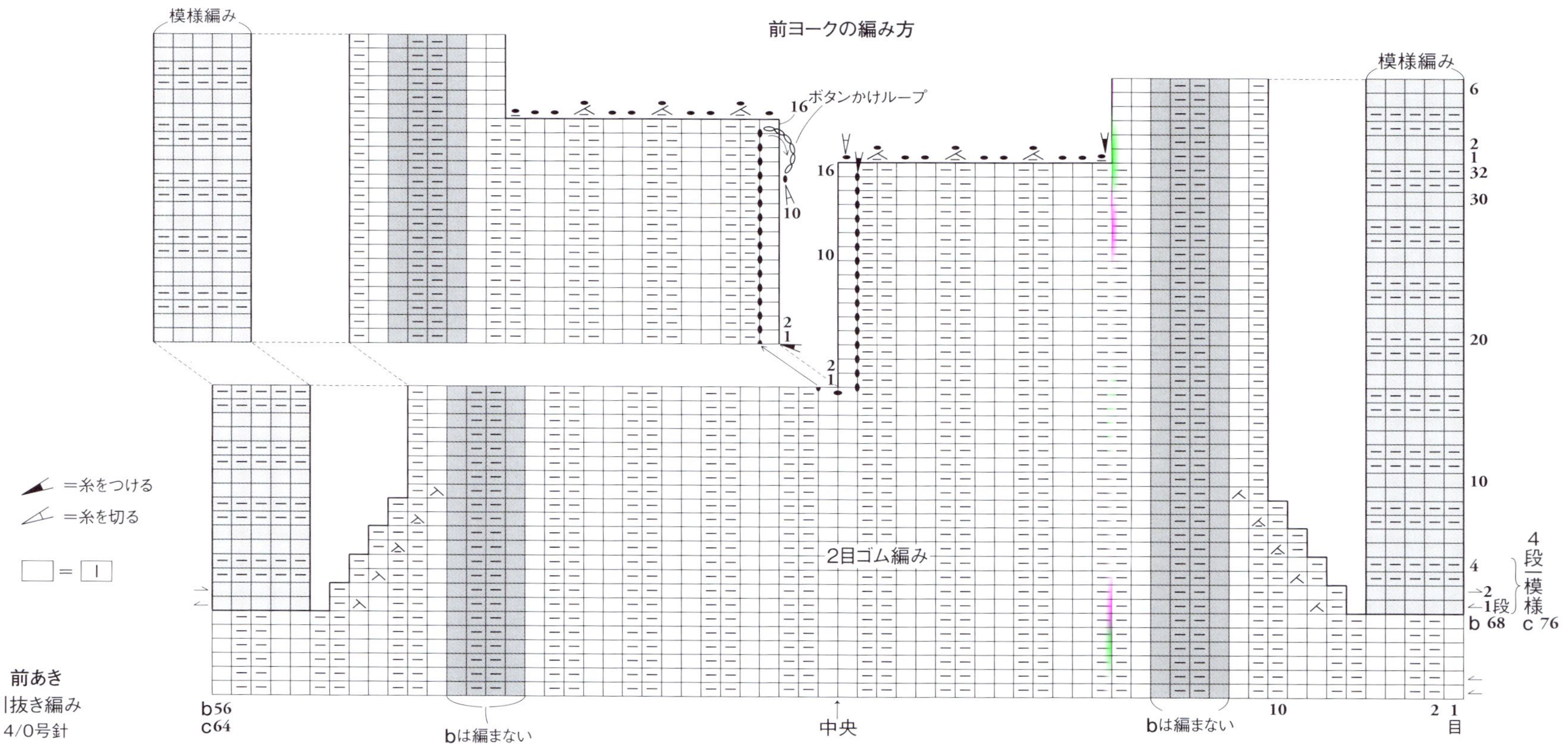

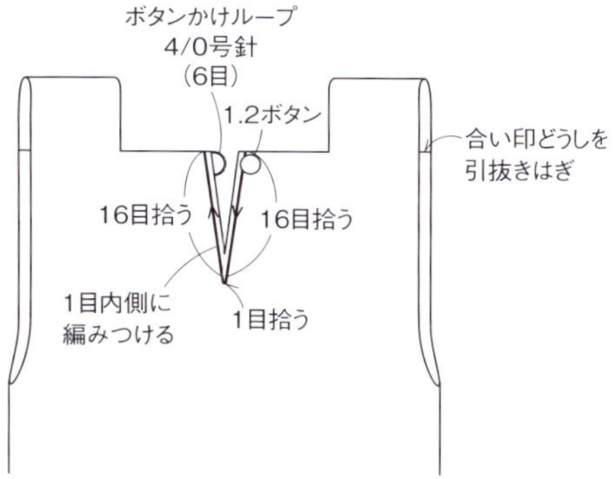

股のボタン穴の編み方

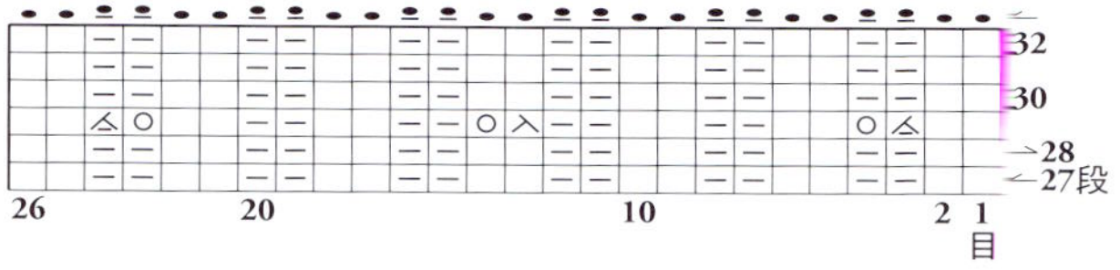

ワンピース 16-17ページ

サイズ b = 75cm、d = 85cm

- **糸** ハマナカ ポーム《彩土染め》
  灰ピンク（44）b 60g d 70g
  ハマナカ ポーム《無垢綿》ベビー
  生成り（11）b、d 各25g
  ハマナカ ポーム ベビーカラー
  ローズピンク（96）b、d 各5g
- **用具** 6号2本棒針 5号2本、4本棒針
  5/0号かぎ針
- **その他** 直径1cmのボタン1個

- **ゲージ** メリヤス編み 21目27段が10cm四方
  模様編みB 26目29段が10cm四方
- **サイズ** b 身幅19cm、着丈33cm
  d 身幅19cm、着丈37cm
- **編み方** 糸は1本どりで、指定の針と配色で編みます。
  前後身頃は指に糸をかける方法でそれぞれ75目作り目し、模様編みA、メリヤス編み、模様編みBで図のように編みます。
  肩は引抜きはぎにし、脇はすくいとじにします。
  衿ぐりは裏メリヤス編みを往復に編み、袖ぐりの裏メリヤス編みは輪に編みます。
  後ろあきに引抜き編みとボタンかけループを編みます。
  ボタンをつけます。

指定以外はb、d共通

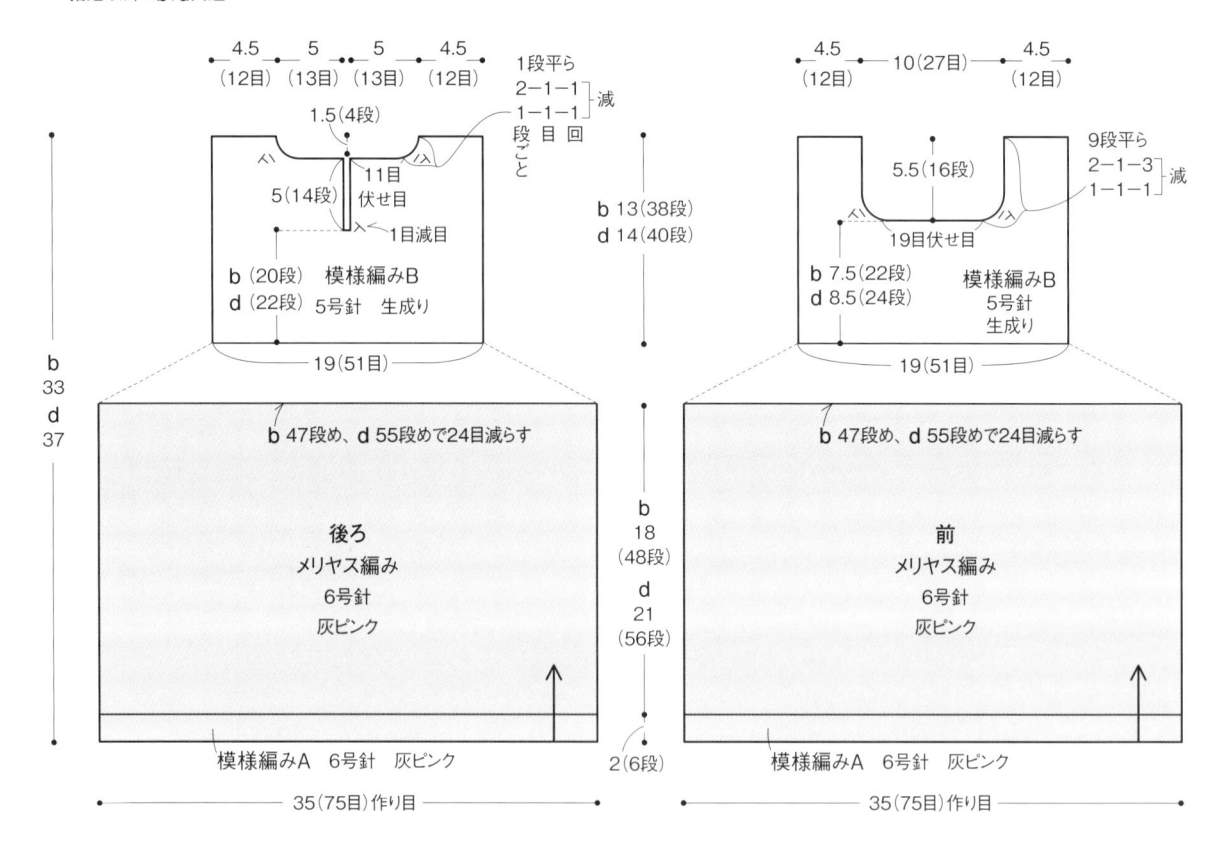

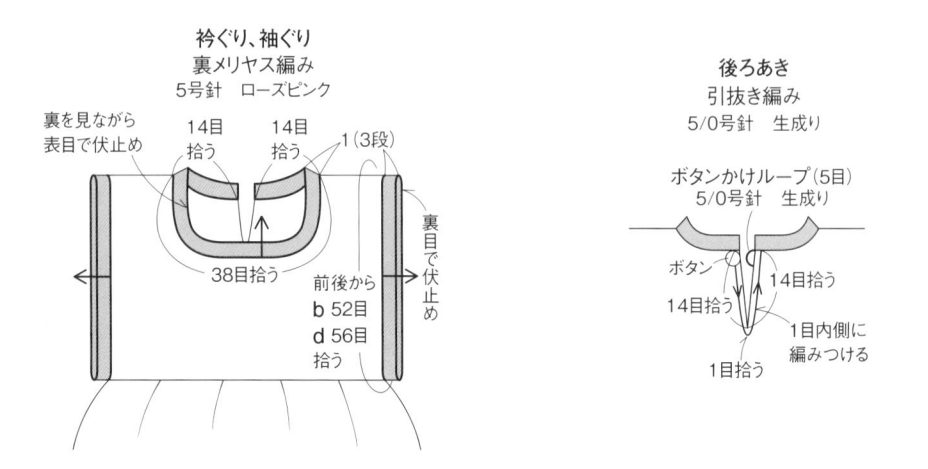

模様編みAの記号図

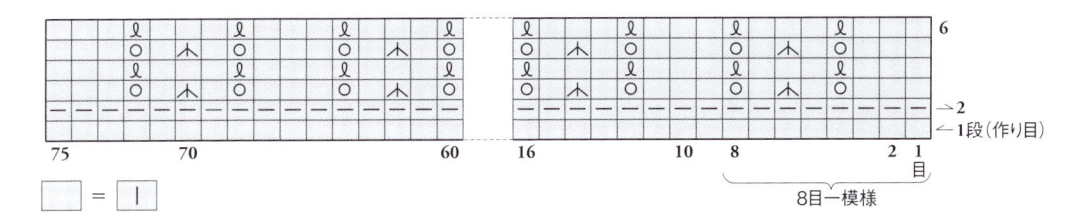

模様編みAの記号図は 8目一模様

衿ぐりの
裏メリヤス編みの記号図

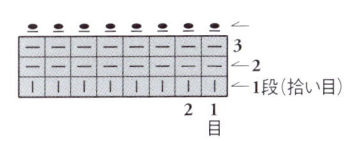

メリヤス編みの減し方と模様編みBの記号図

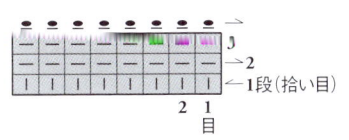

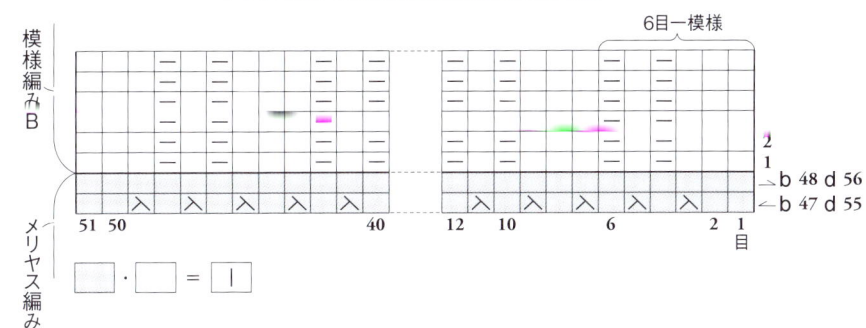

袖ぐりの
裏メリヤス編みの記号図

後ろあきと後ろ衿ぐりの編み方

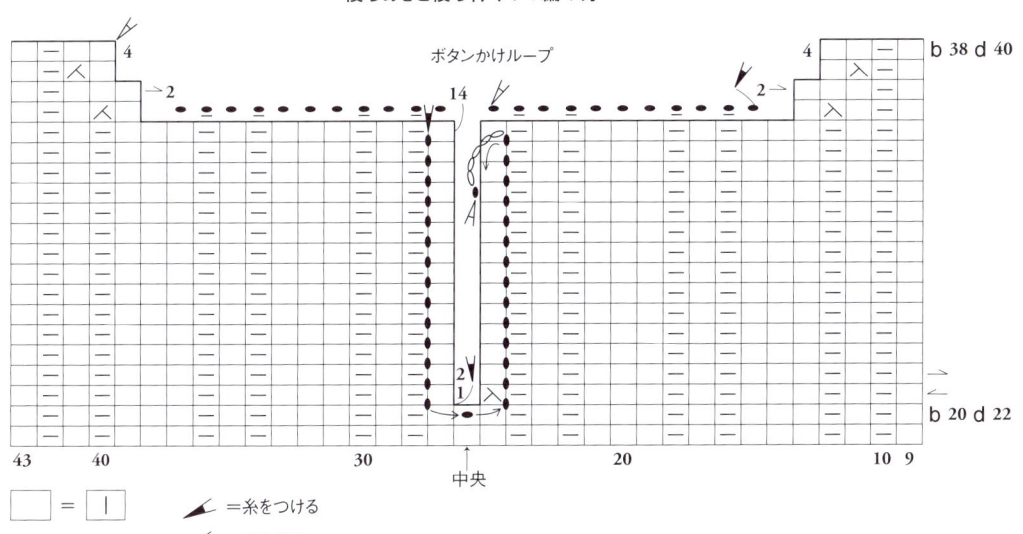

ボタンかけループ
中央
= 糸をつける
= 糸を切る

前衿ぐりの編み方

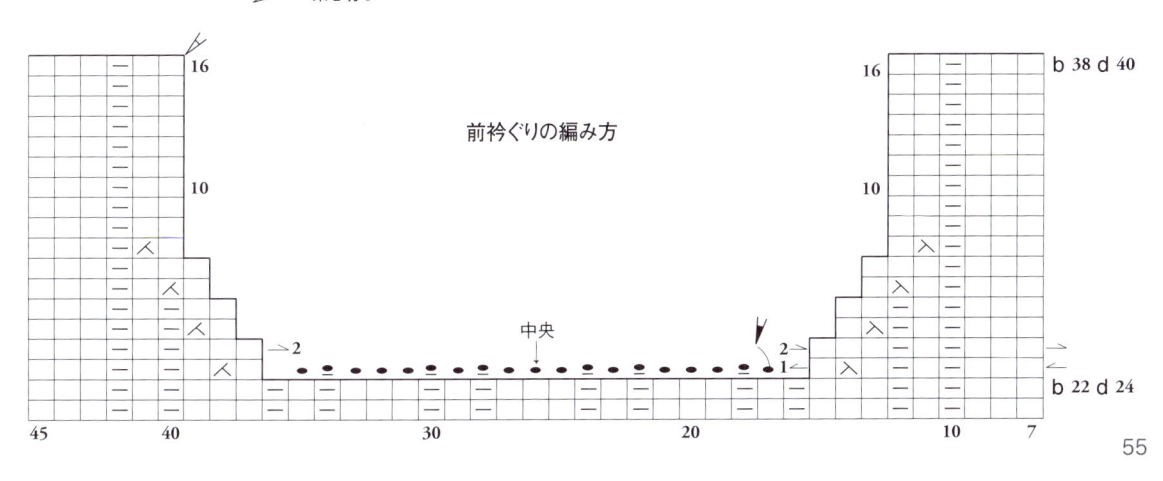

中央

ブルマー 16-17ページ

> サイズ b＝75cm、d＝85cm

- **糸** ハマナカ ポーム《彩土染め》
  灰ピンク（44） b 30g d 35g
  ハマナカ ポーム《無垢綿》ベビー
  生成り（11） b 20g d 25g
  ハマナカ ポーム ベビーカラー
  ローズピンク（96） b、d 各10g
- **用具** 6号、4号 4本棒針
- **その他** 幅2cmの平ゴムテープ
  b 42cm d 44cm
- **ゲージ** メリヤス編みの縞
  21目 27段が10cm四方
- **サイズ** b ヒップ 52cm、股上 24cm
  d ヒップ 56cm、股上 26cm

- **編み方** 糸は1本どりで、指定の針と配色で編みます。
前後は指に糸をかける方法で作り目して輪にし、ウエストをメリヤス編みと1目ゴム編みで編みます。続けてメリヤス編みの縞で途中から前後を分けて減らしながら往復に編みます。編終りは休み目にします。
残った目を引抜きはぎにし、足口を1目ゴム編みで輪に編み、編終りは前段と同じ記号で伏止めにします。
ウエストの折り返し分を裏側に折り、輪に縫っておいた平ゴムテープをはさんでまつります。

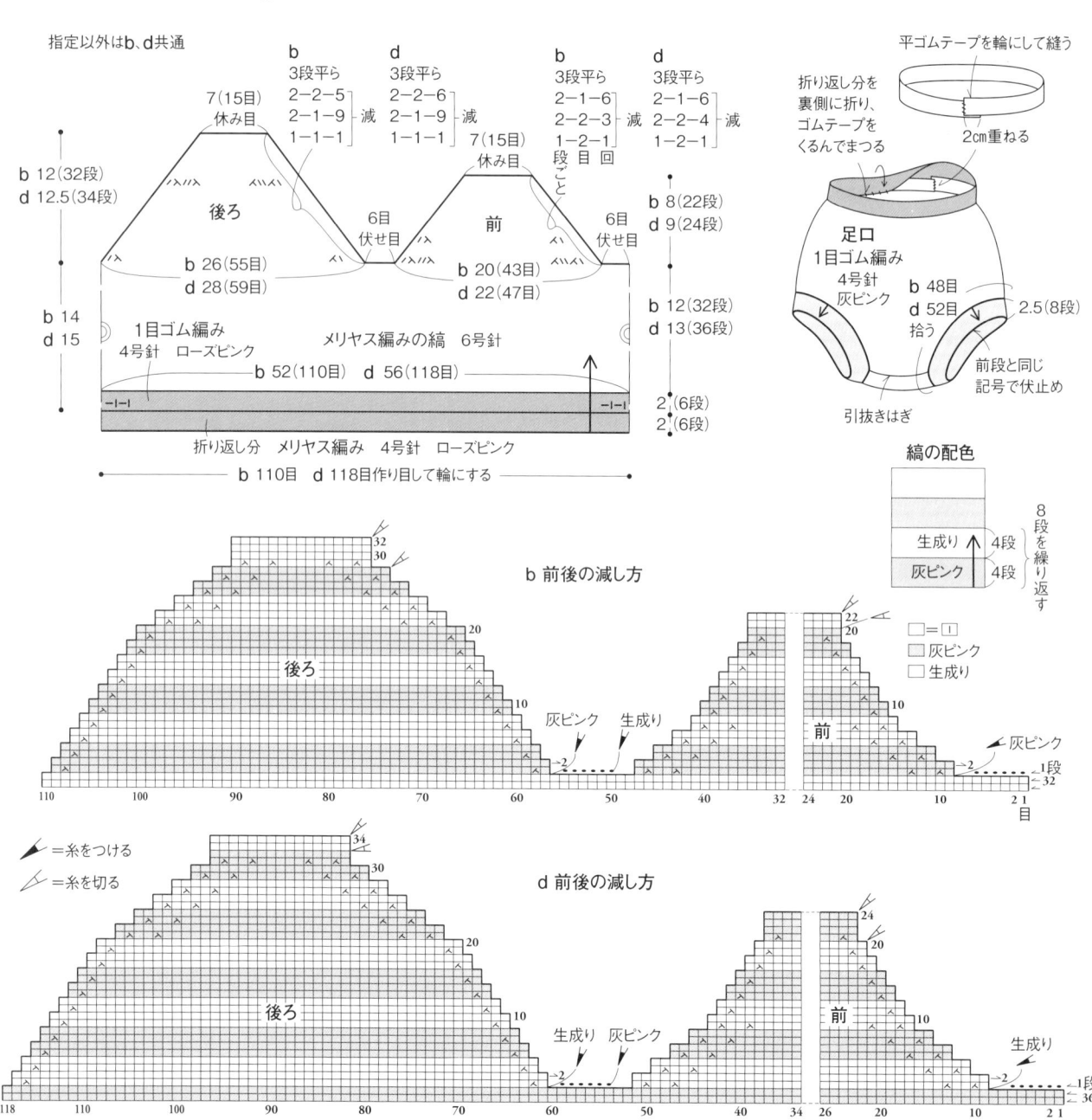

バルキージャケット 20-21ページ

サイズ c = 80cm、d = 90cm

- **糸** ハマナカ ボーム《無垢綿》ベビー
  生成り(11) c 100g d 120g
  ハマナカ かわいい赤ちゃん《ピュアコットン》
  生成り(6) c 95g d 115g
- **用具** 10号2本棒針　8号2本、4本棒針
  5/0号かぎ針
- **その他** 長さ4cmのトグルボタン2個
- **ゲージ** メリヤス編み 17目21段が10cm四方
- **サイズ** c 身幅31cm、着丈28cm、ゆき丈30.5cm
  d 身幅33cm、着丈32.5cm、ゆき丈35.5cm

- **編み方** 糸は指定以外はボームとかわいい赤ちゃん各1本の2本どりで、指定の針で編みます。
前後身頃は指に糸をかける方法で作り目し、1目ゴム編みとメリヤス編みで編みます。肩を引抜きはぎにします。袖を前後身頃から拾い目してメリヤス編みで編み、伏止めにします。
前立て衿を続けて拾い目して2目ゴム編みを編み、前段と同じ記号で伏止めにします。
脇と袖下をすくいとじにします。
ボタンかけループを編み、前立てに縫いつけます。ボタンつけループを編み、ボタンに通して縫いつけます。

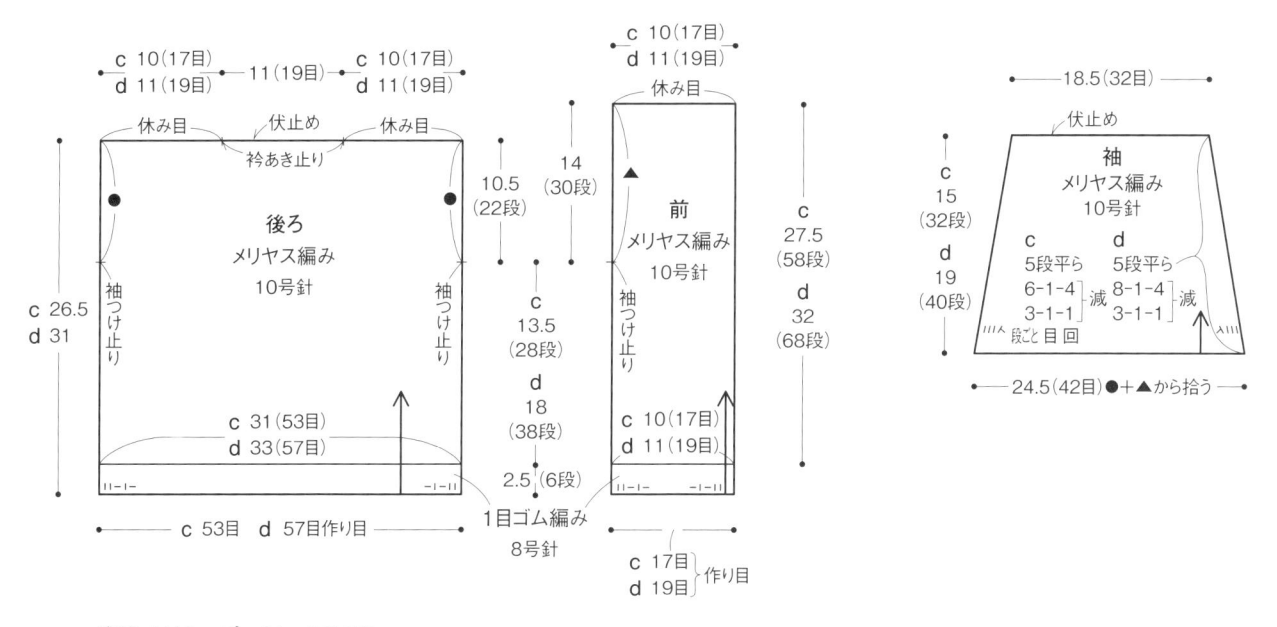

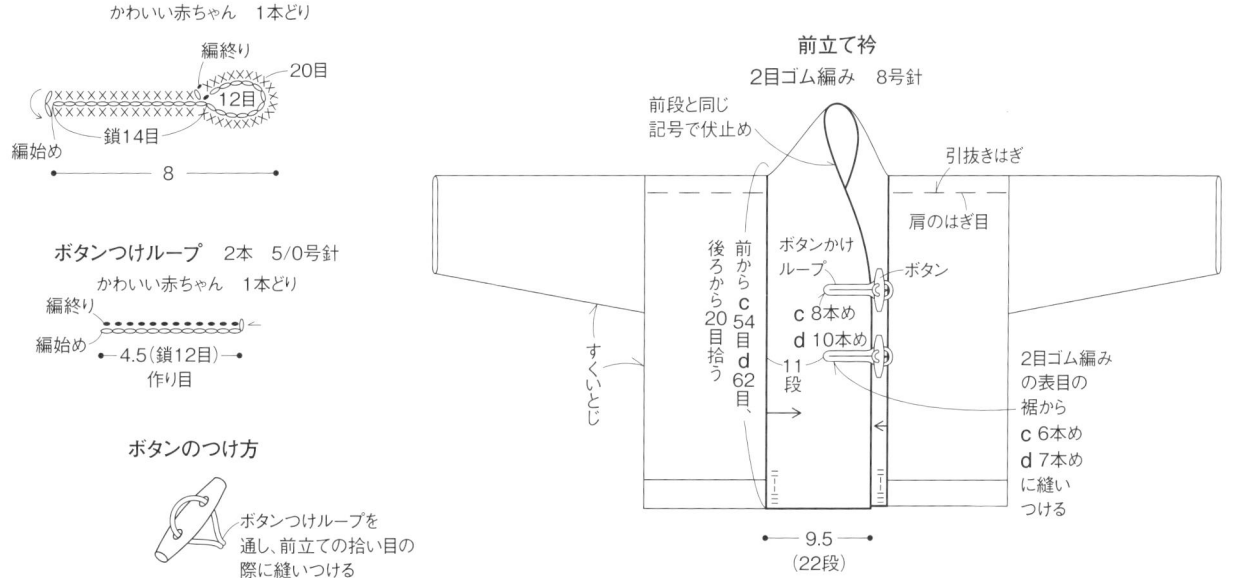

編込みヨークベスト 18-19ページ

サイズ c = 80cm、d = 90cm

- **糸** ハマナカ フラックスC
  c 白(1) 65g 灰茶(4)、赤(103) 各10g
  チャコールグレー(101) 5g
  d 青(6) 80g 白(1)、緑(107) 各10g
  ベージュ(3) 5g
- **用具** 4/0号かぎ針
- **その他** 直径1.5cmのボタン5個
- **ゲージ** 長編み 26目12段が10cm四方
- **サイズ** c 身幅30cm、着丈25cm、ゆき丈18cm
  d 身幅31.5cm、着丈28.5cm、ゆき丈20cm

● **編み方** 糸は1本どりで、指定以外はcは白、dは青で編みます。
ヨークは衿ぐりから鎖編みで86目作り目し、模様編みA、長編みで図のように増しながら編みます。前後身頃は脇で鎖12目作り目して続けて拾い目し、長編み、模様編みB、縁編みで増減なく編みます。
前立ては前端から拾い目し、右前を先に細編みで4段編んで糸を切ります。左前はボタン穴をあけながら編み、続けて衿ぐりを1段編みます。
ボタンをつけます。

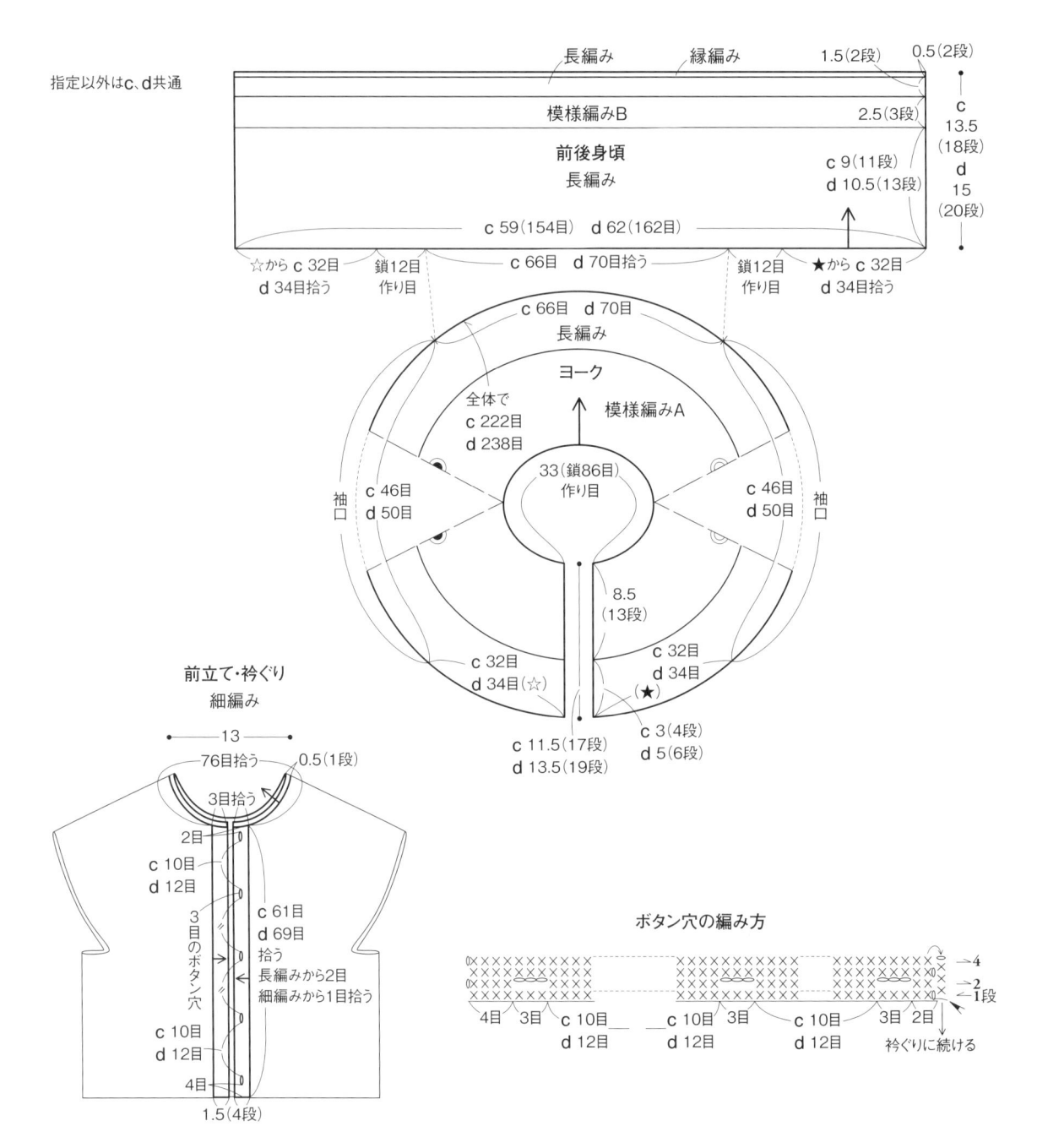

ヨークの編み方

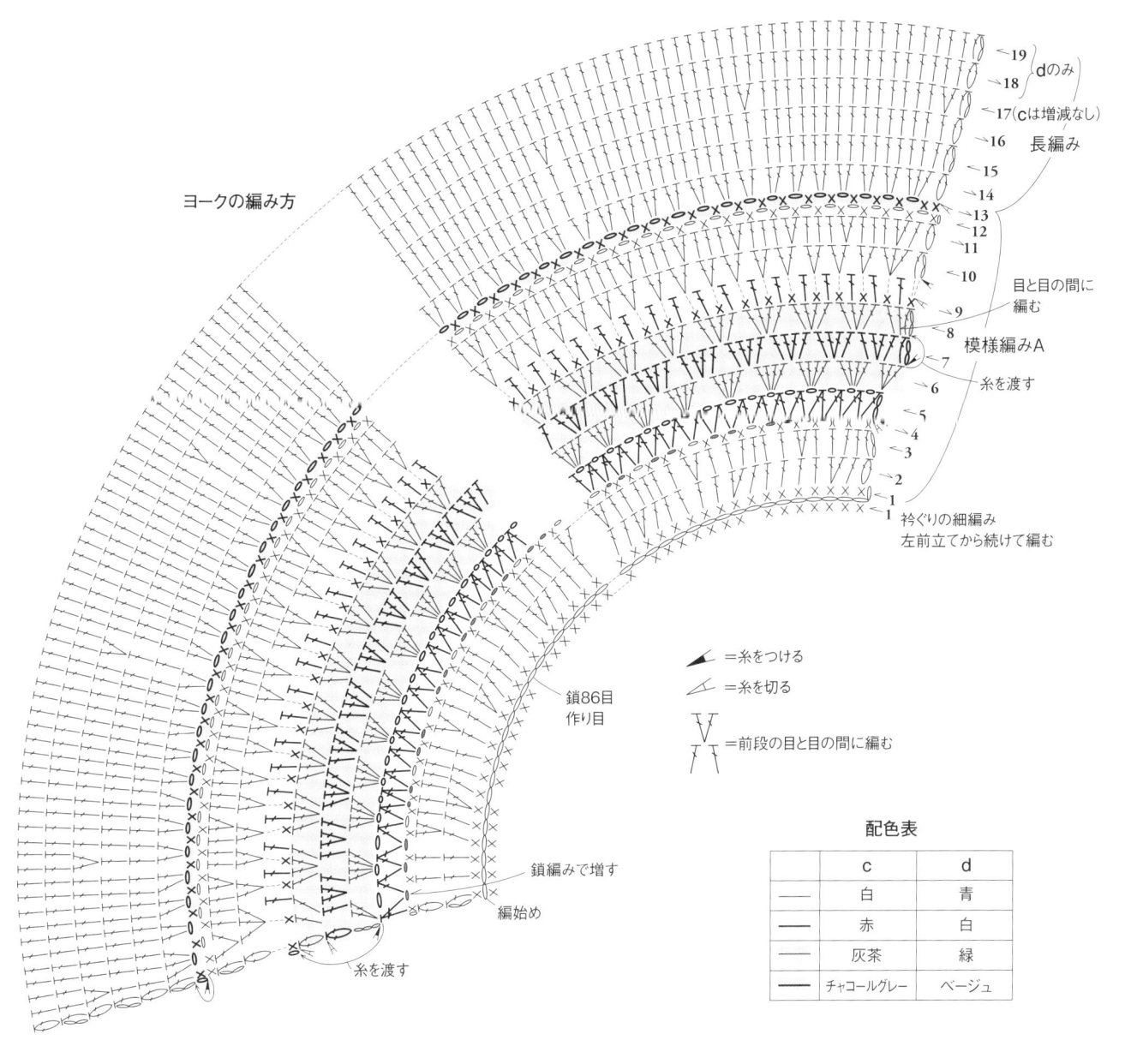

←19 dのみ
←18
←17(cは増減なし)
←16 長編み
←15
←14
←13
←12
←11
←10
←9 目と目の間に編む
←8
←7 模様編みA
←6 糸を渡す
←5
←4
←3
←2
←1 衿ぐりの細編み
左前立てから続けて編む

鎖86目作り目
鎖編みで増す
編始め
糸を渡す

◢ =糸をつける
◣ =糸を切る
V/T =前段の目と目の間に編む

配色表

	c	d
──	白	青
──	赤	白
──	灰茶	緑
──	チャコールグレー	ベージュ

ヨークの増し方

段	目数	増し方
18、19	d 238目	増減なし
17	d 238目	16目増す
	c 222目	増減なし
15、16	222目	増減なし
14	222目	2目増す
12、13	220目	増減なし
11	220目	44目増す
10	176目	2目増す
7～9	174目	増減なし
6	174目	3目増す
5	171目	増減なし
4	171目	57目増す
3	114目	14目増す
2	100目	14目増す
1	86目	増減なし
作り目	鎖編み86目	

前後の編み方

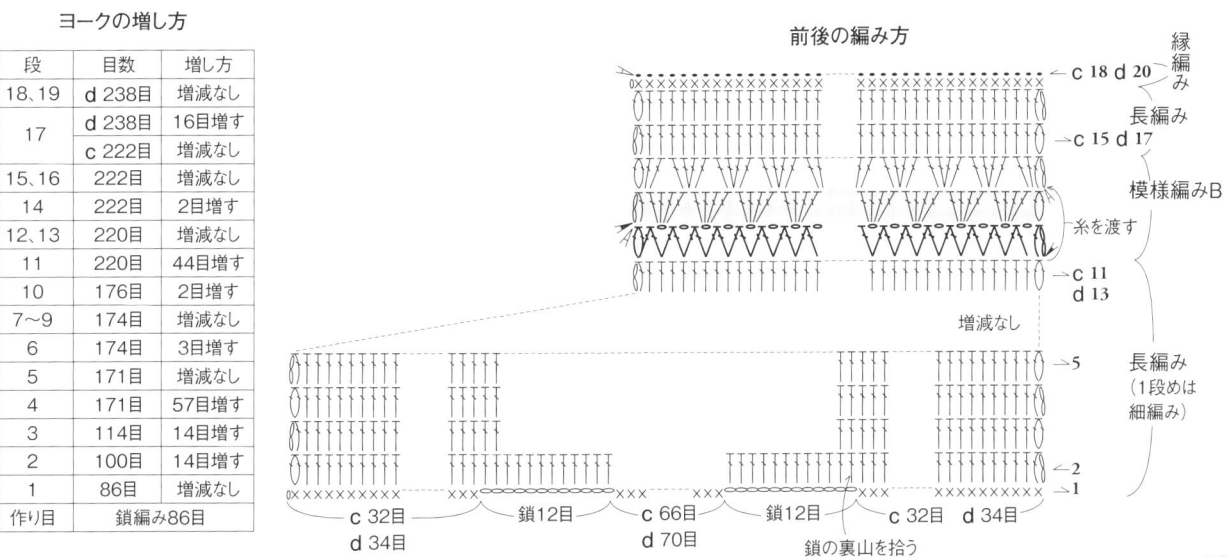

縁編み ← c 18 d 20
長編み ← c 15 d 17
模様編みB
糸を渡す
← c 11 d 13
増減なし
長編み(1段めは細編み)
←5
←2
←1

c 32目 / d 34目　鎖12目　c 66目 / d 70目　鎖12目　c 32目 / d 34目
鎖の裏山を拾う

59

セーラーカラーのプルオーバー 22-23ページ

サイズ c＝80cm、d＝90cm

- **糸** ハマナカ ポーム《無垢綿》クロッシェ
  生成り（1）c 110g　d 140g
  ハマナカ フラックスC
  c からし色（105）20g　d ブルー（8）25g
- **用具** 4/0号かぎ針
- **その他** 直径1.5cmのボタン2個
- **ゲージ** 模様編みの縞、長編み
  25目11.5段が10cm四方
- **サイズ** c 身幅30cm、着丈29cm、ゆき丈26.5cm
  d 身幅33cm、着丈34cm、ゆき丈30cm

- **編み方** 糸は1本どりで、指定の配色で編みます。
前後身頃と袖は模様を編みながら鎖編みの作り目をし、模様編みの縞、長編みで編みます。肩は半目の巻きかがりはぎ、脇、袖下を鎖とじにします。
身頃と袖は中表に合わせて裏側から巻きかがりでつけます。
衿ぐりから拾い目し、衿を長編みで編み、あとから指定の位置に引抜き編みでラインを編みつけます。
ボタンかけループを編み、ボタンをつけます。

指定以外はc、d共通

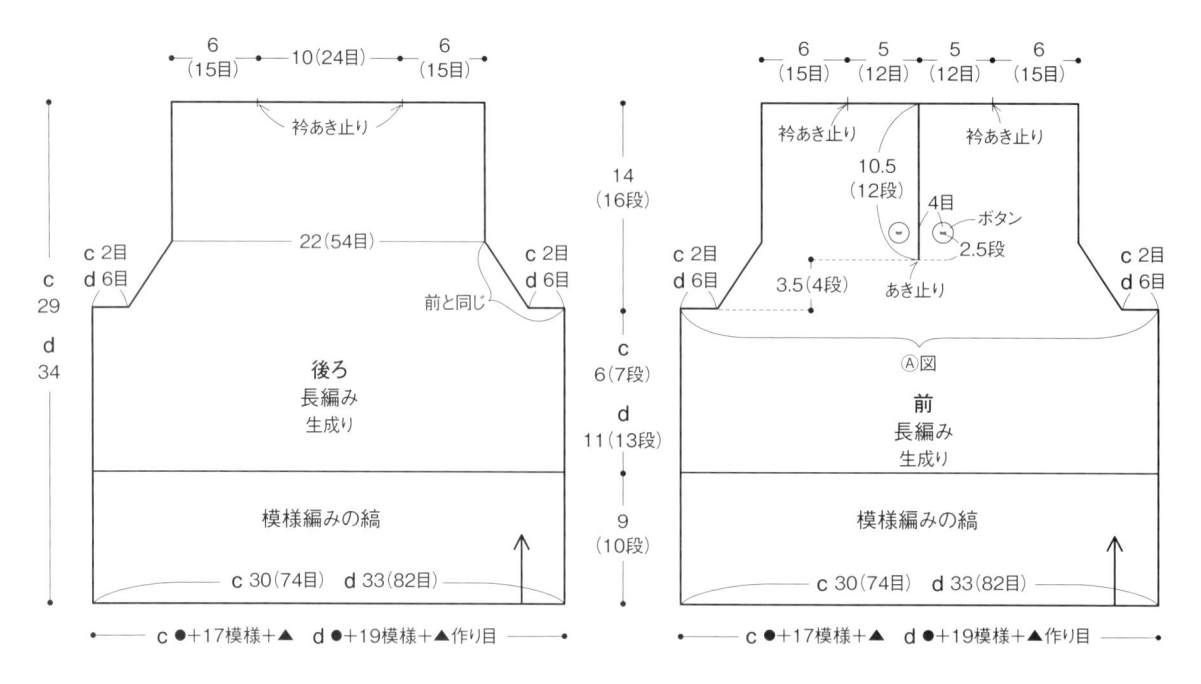

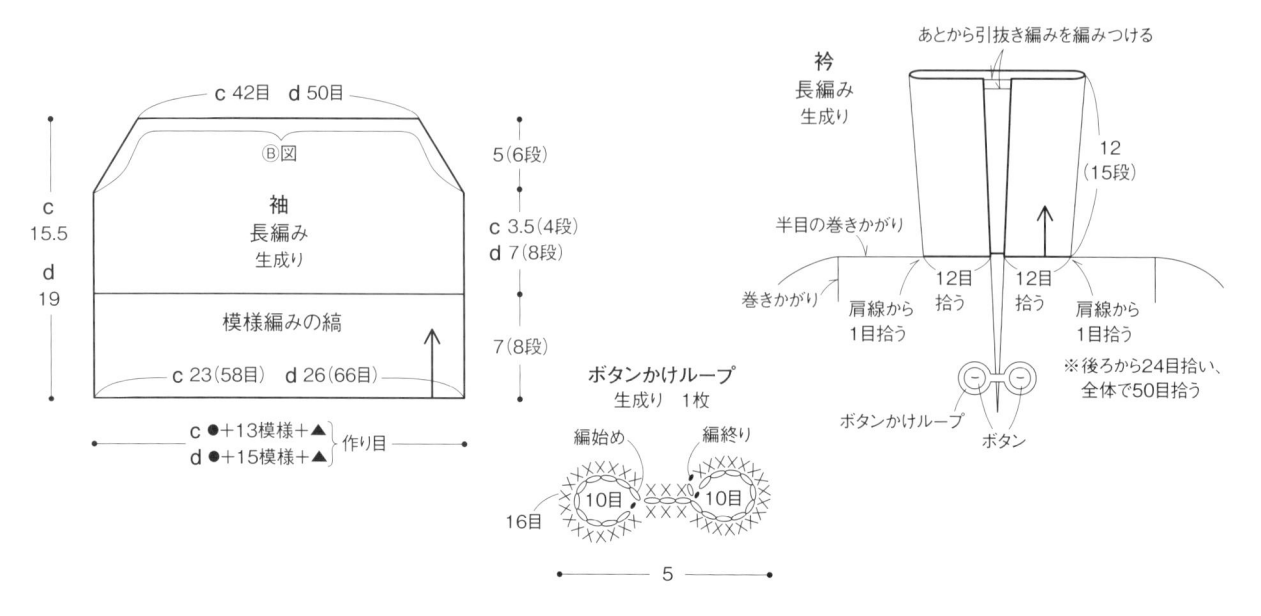

身頃の模様編みの縞と長編みの記号図

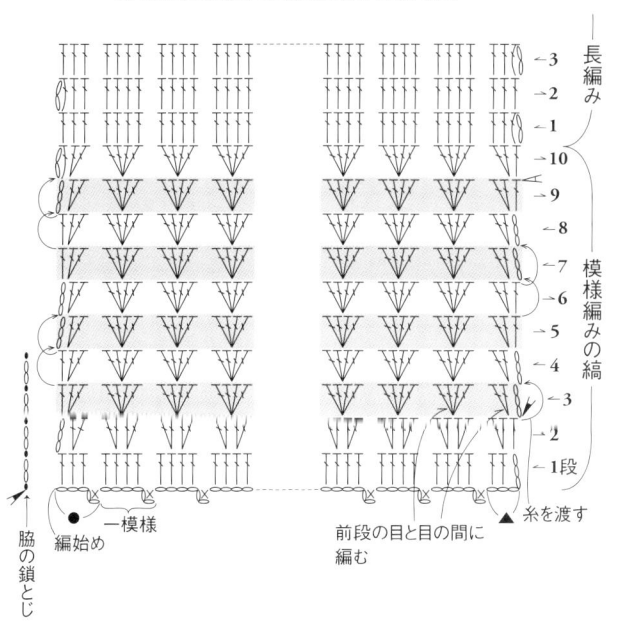

袖の模様編みの縞と長編みの記号図

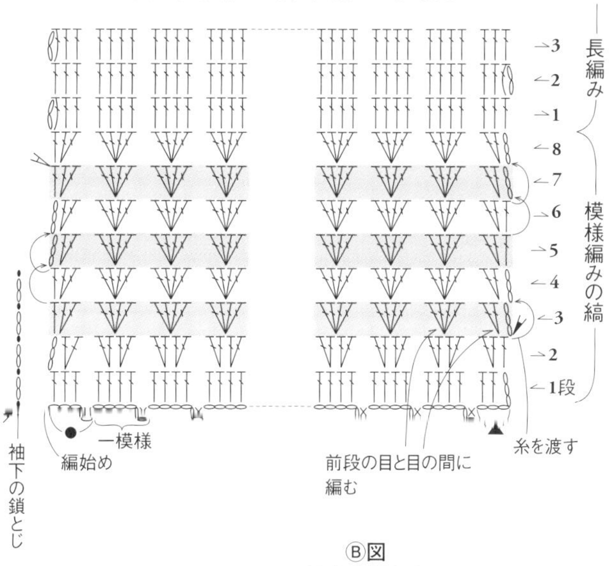

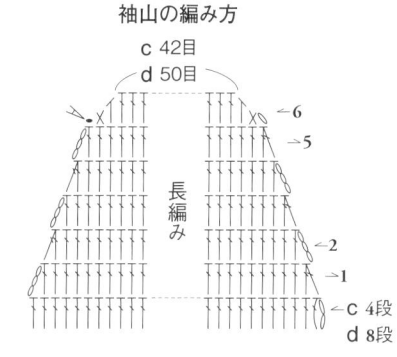

配色表

	c	d
───	からし色	ブルー
───	生成り	生成り

◢ ＝糸をつける
◥ ＝糸を切る

Ⓐ図　前身頃の編み方

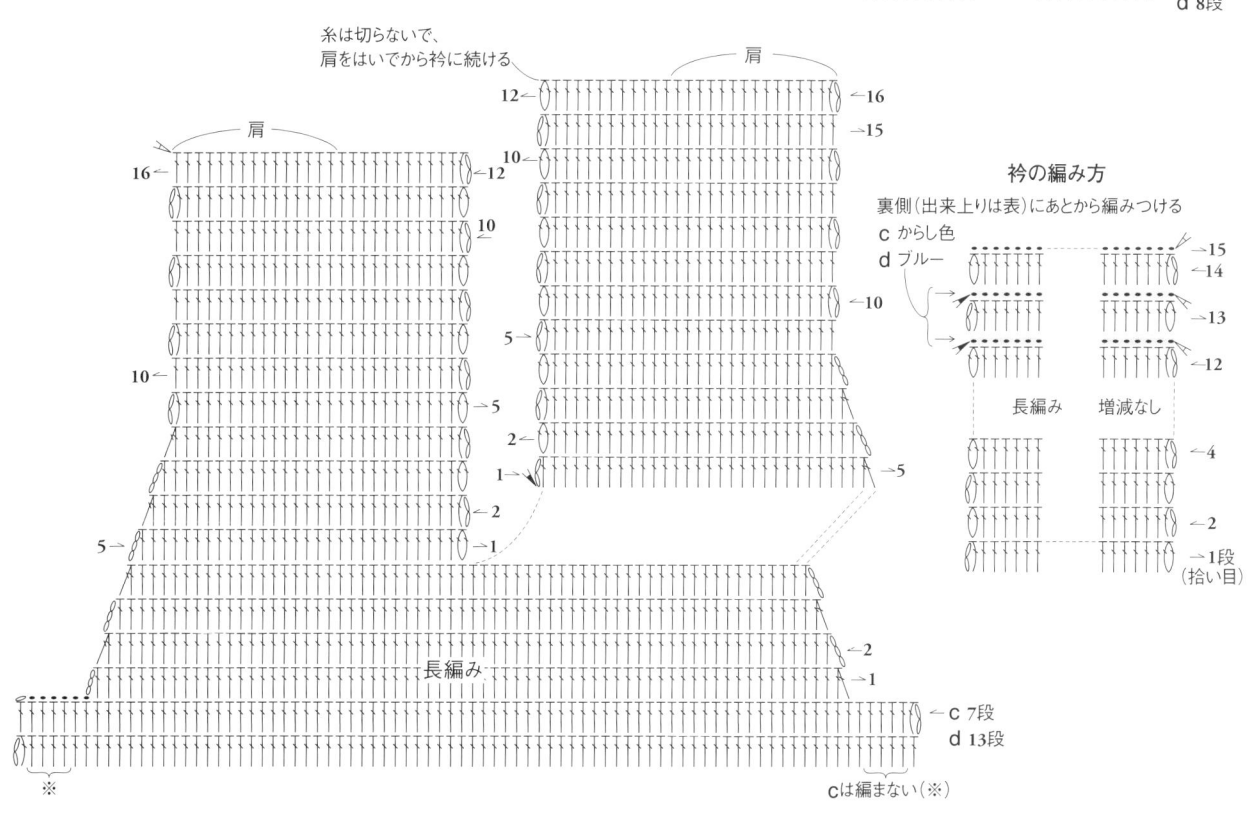

Ⓑ図　袖山の編み方
c 42目
d 50目
長編み
c 4段
d 8段

糸は切らないで、肩をはいでから衿に続ける

肩

衿の編み方

裏側(出来上りは表)にあとから編みつける
c からし色
d ブルー

長編み　増減なし

1段(拾い目)

長編み

c 7段
d 13段

cは編まない(※)

アラン模様のポンチョ 24ページ

サイズ 90cm

- **糸** ハマナカ ポーム コットンリネン
  ベージュ（202）150g
  ハマナカ ポーム ベビーカラー
  アイスブルー（97）15g
- **用具** 5号2本、4本棒針 4/0号かぎ針
- **その他** 直径1.5cmのボタン2個
- **ゲージ** 模様編み 28目29段が10cm四方
  かのこ編み 24目29段が10cm四方
  メリヤス編み 24目28段が10cm四方
- **サイズ** 着丈30.5cm、ゆき丈28.5cm

- **編み方** 糸は1本どりで、指定以外はベージュ、ひも以外は5号針で編みます。
前後身頃は指に糸をかける方法で64目作り目し、2目ゴム編みを編みますが、前はボタン穴をあけながら編み、8段で中央に1目増します。続けてかのこ編みと模様編みで増しながら図のように編み、編終りは休み目と伏止めにします。肩を引抜きはぎにします。
フードは衿あきから拾い目してメリヤス編みで図のように編みます。編終りの休み目を中表で引抜きはぎにします。フード・衿ぐり回りは1目ゴム編みを輪に編み、伏止めにします。
ひもを4/0号針で編み、指定の位置につけます。ひもの先にタッセルをつけます。後ろにボタンをつけます。

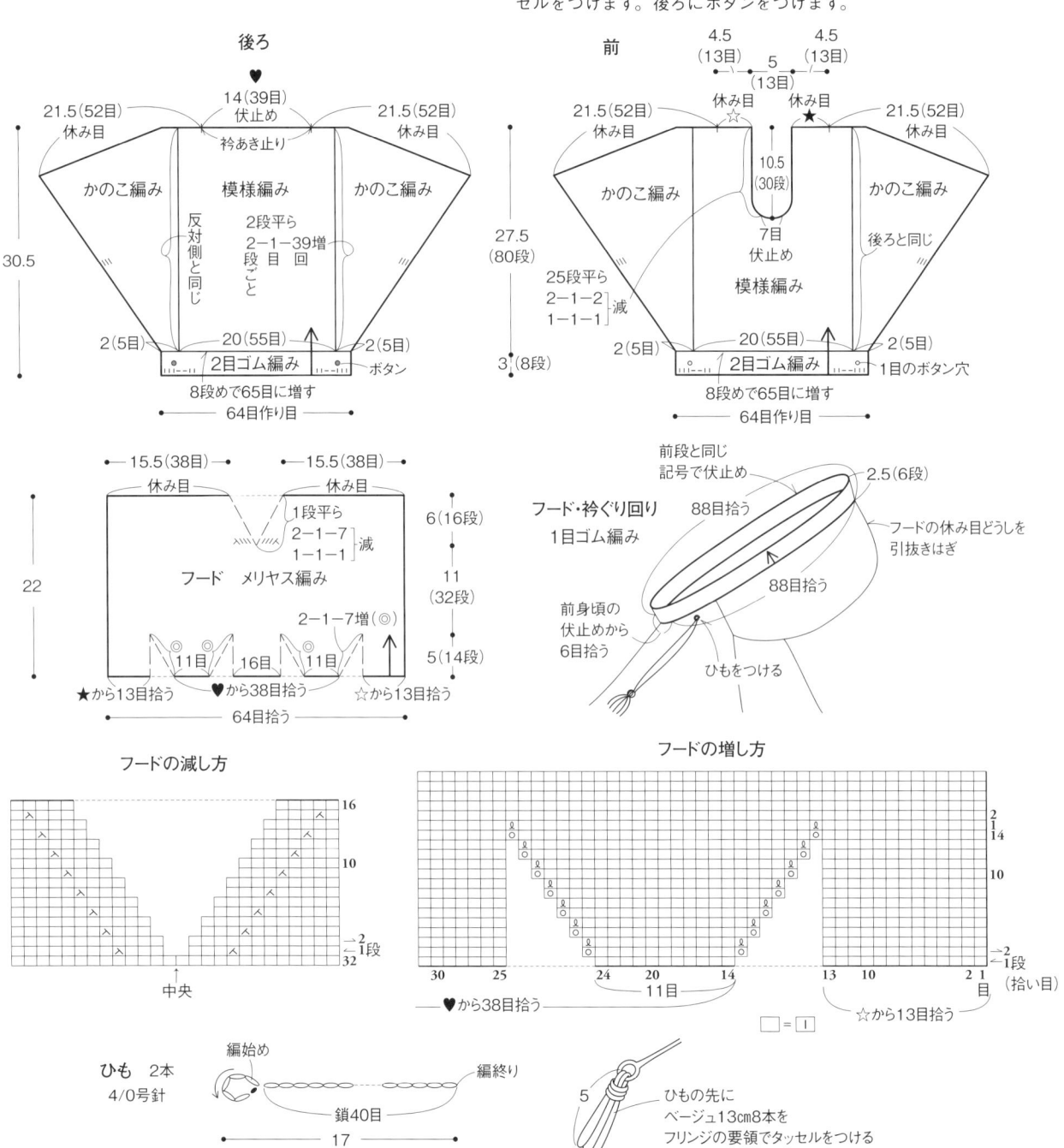

前の編み方

※後ろは衿ぐりをあけずに同様に編む

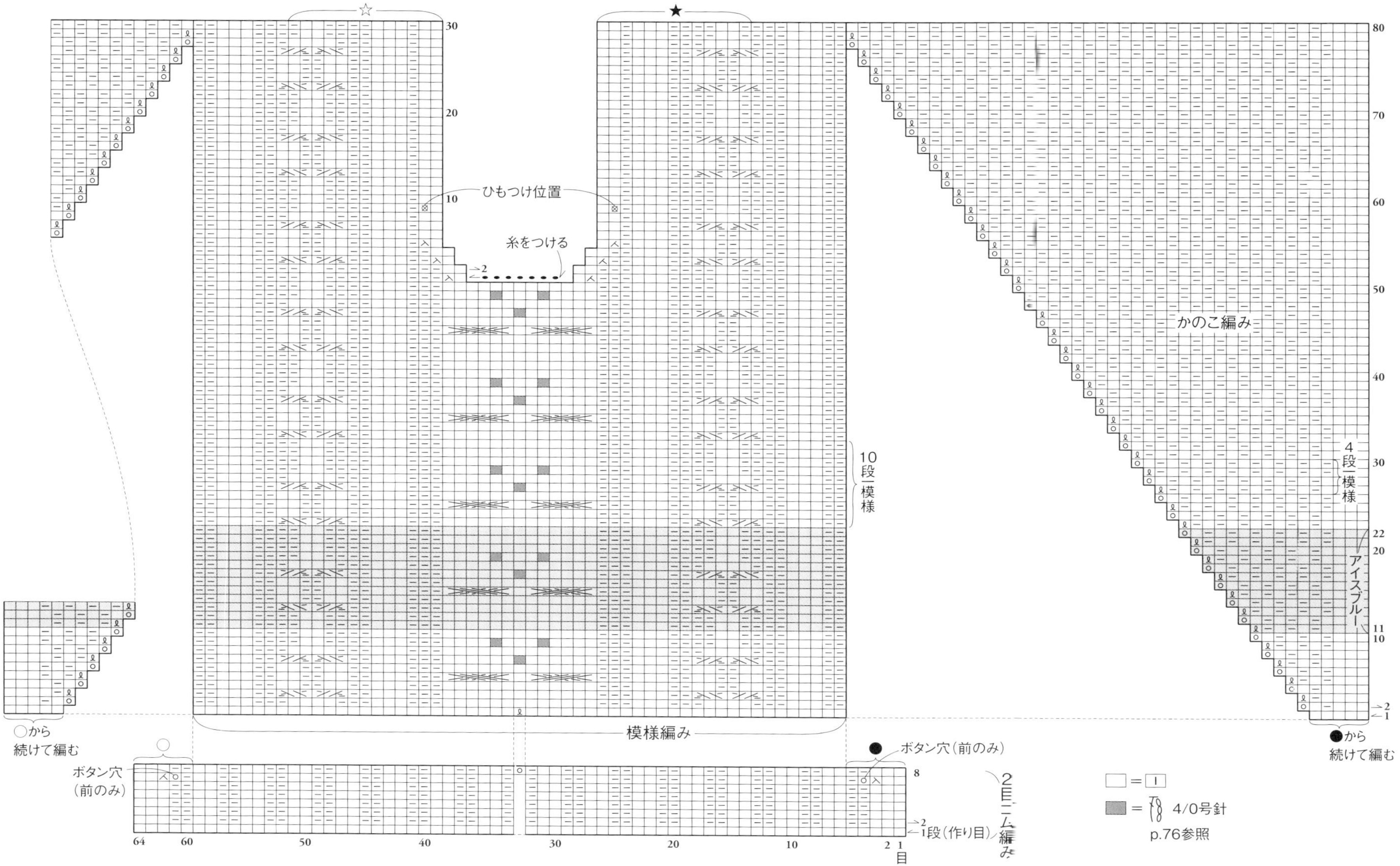

かぎ針編みのキャップ 25ページ

サイズ b = 44〜46cm、d = 48〜50cm

- **糸** ハマナカ ポーム《彩土染め》
  - b サーモンピンク（43）35g
    クリーム色（41）10g
  - d グレー（45）40g　クリーム色（41）10g
- **用具** 6/0号かぎ針
- **ゲージ** 模様編みA　18.5目9段が10cm四方
- **サイズ** b 頭回り42cm、深さ16cm
  d 頭回り48cm、深さ17cm

- **編み方** 糸は1本どりで、指定の配色で編みます。
クラウンは輪の作り目をし、模様編みAで図のように増減しながら編みます。続けて模様編みBで増減なく編み、糸を休めておきます。
ブリムは指定の位置に糸をつけ、クラウンから拾い目して細編みで往復に編み、編終りは糸を切ります。休めておいた糸で細編みを1段編みます。
bはコサージュを編み、指定の位置につけます。

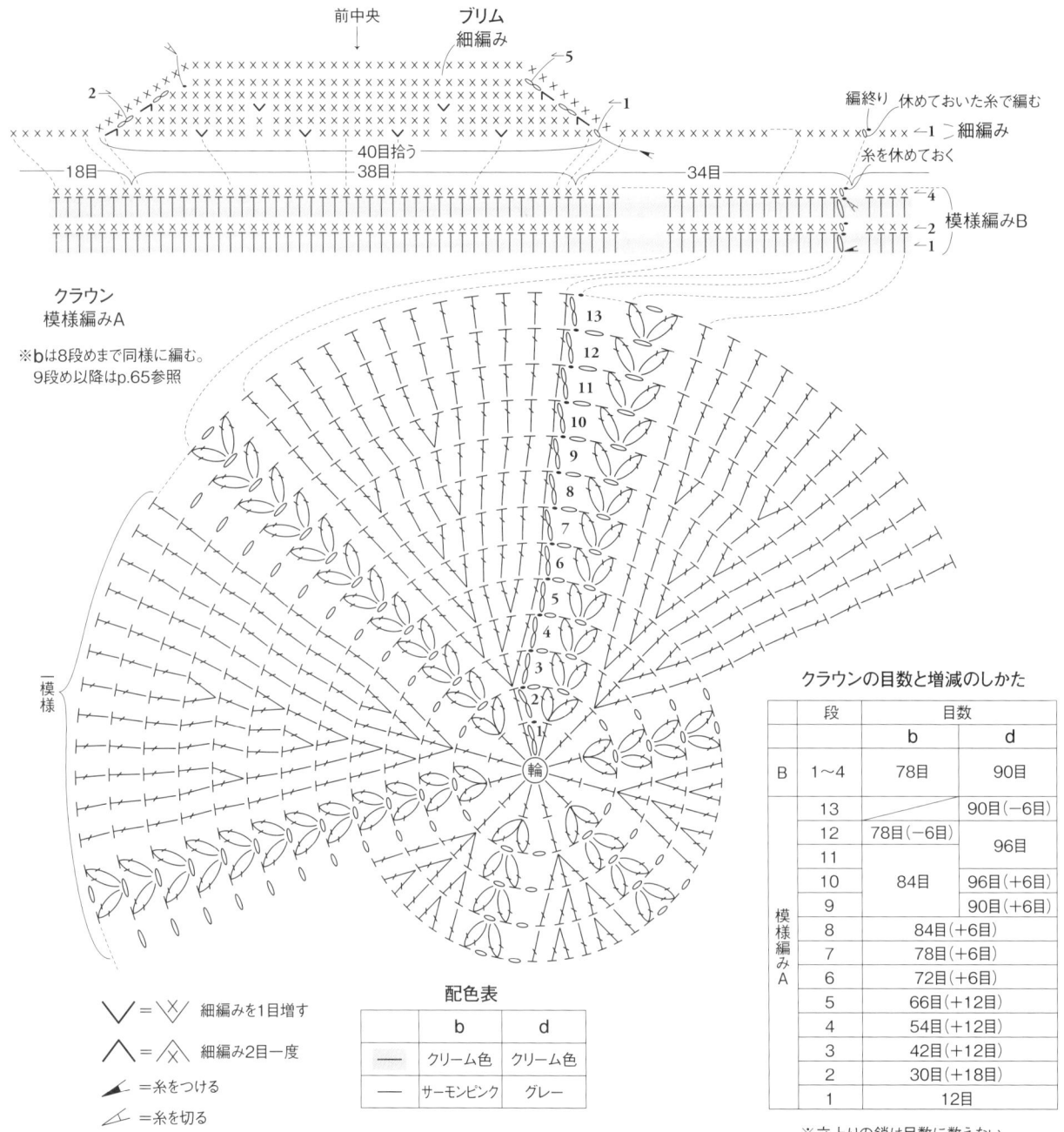

dのクラウン・ブリムと細編みの編み方

クラウン 模様編みA
※bは8段めまで同様に編む。
9段め以降はp.65参照

クラウンの目数と増減のしかた

段	目数 b	目数 d
B 1〜4	78目	90目
13		90目(-6目)
12	78目(-6目)	96目
11		96目
10	84目	96目(+6目)
9		90目(+6目)
8	84目(+6目)	
7	78目(+6目)	
6	72目(+6目)	
5	66目(+12目)	
4	54目(+12目)	
3	42目(+12目)	
2	30目(+18目)	
1	12目	

※立上りの鎖は目数に数えない

- ∨ = 細編みを1目増す
- ∧ = 細編み2目一度
- = 糸をつける
- = 糸を切る

配色表

	b	d
─	クリーム色	クリーム色
─	サーモンピンク	グレー

レッグウォーマー 15ページ

- **糸** ハマナカ ポーム《無垢綿》ベビー
  生成り（11）45g
- **用具** 5号4本棒針
- **ゲージ**
  メリヤス編み 22目30段が10cm四方
  模様編み 22目が10cm、17段が5cm
- **サイズ** 筒回り19cm、丈27cm
- **編み方** 糸は1本どりで編みます。

指に糸をかける方法で42目作り目して輪にし、1目ゴム編み、メリヤス編み、模様編みで編みます。
編終りは前段と同じ記号で伏止めにします。
同じものを2枚編みます。

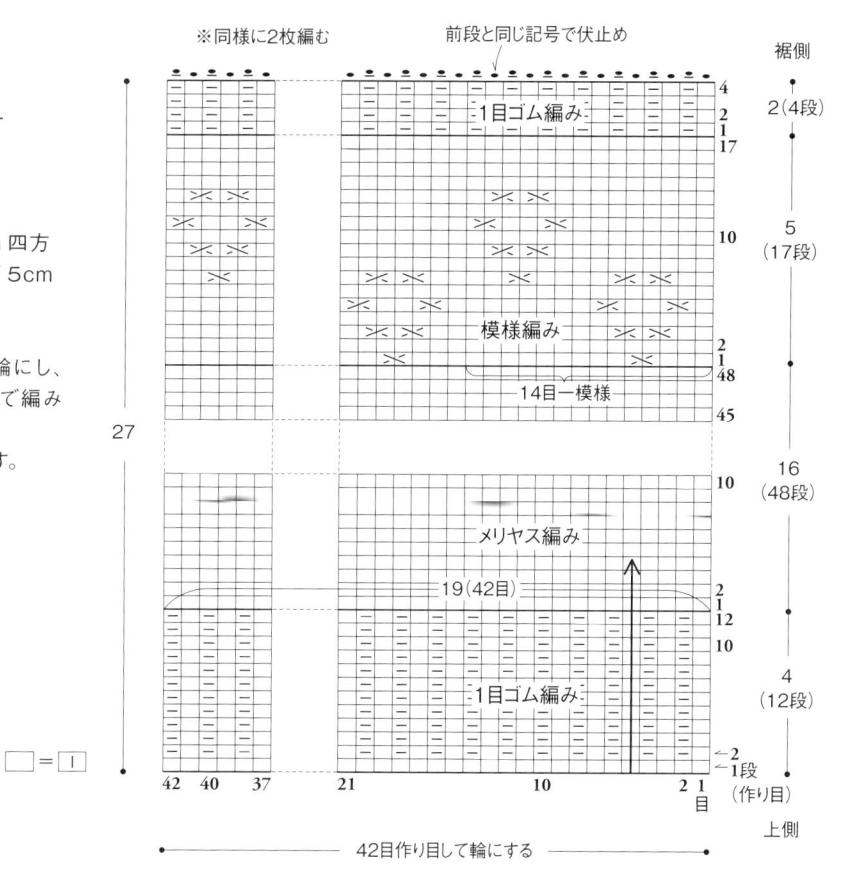

□ = □

b のコサージュ
クリーム色 1個

2段めの長編みは、1段めの鎖3目に編む
コサージュの中心を指定の位置に縫いつける

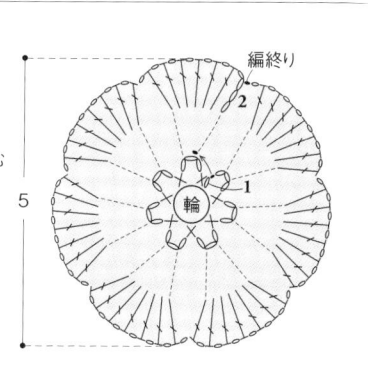

b のクラウン・ブリムと細編みの編み方
※クラウンの8段めまではdと共通（p.64参照）

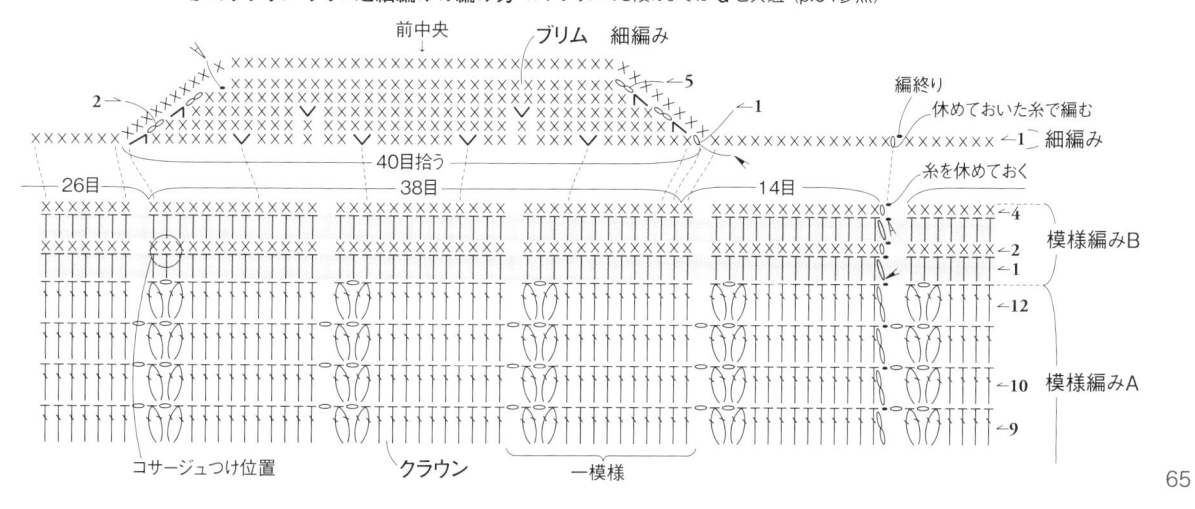

ボーダーカーディガン 26-27ページ

> サイズ　c = 80cm、d = 90cm

- ● 糸　ハマナカ かわいい赤ちゃん《ピュアコットン》
  - c 白（1）、クリーム色（2）各55g
  - d 生成り（6）、ブルー（4）各65g
  - ハマナカ アプリコ
  - c サーモンピンク（5）15g
  - d グリーン（14）15g
- ● 用具　4号4本棒針
- ● その他　直径1.3cmのボタン6個
- ● ゲージ　メリヤス編みの縞
  - 24目32段が10cm四方
- ● サイズ　c 身幅30cm、着丈26cm、ゆき丈33.5cm
  - d 身幅31cm、着丈29.5cm、ゆき丈37.5cm

● 編み方　糸は1本どりで、指定の配色で編みます。
指に糸をかける方法で82目作り目し、衿ぐりを裏メリヤス編みで3段編みます。続けてヨークをメリヤス編みの縞（前立てはゴム編みの縞）で目を増しながら編み、左前立てにはボタン穴をあけながら編みます。
袖の目を休め、前後身頃を続けて拾い目し、メリヤス編みの縞、裏メリヤス編みで編み、編終りは裏を見ながら表目で伏止めにします。
袖は輪に拾い目し、メリヤス編みの縞、裏メリヤス編みで減らしながら編みます。
ボタンをつけます。

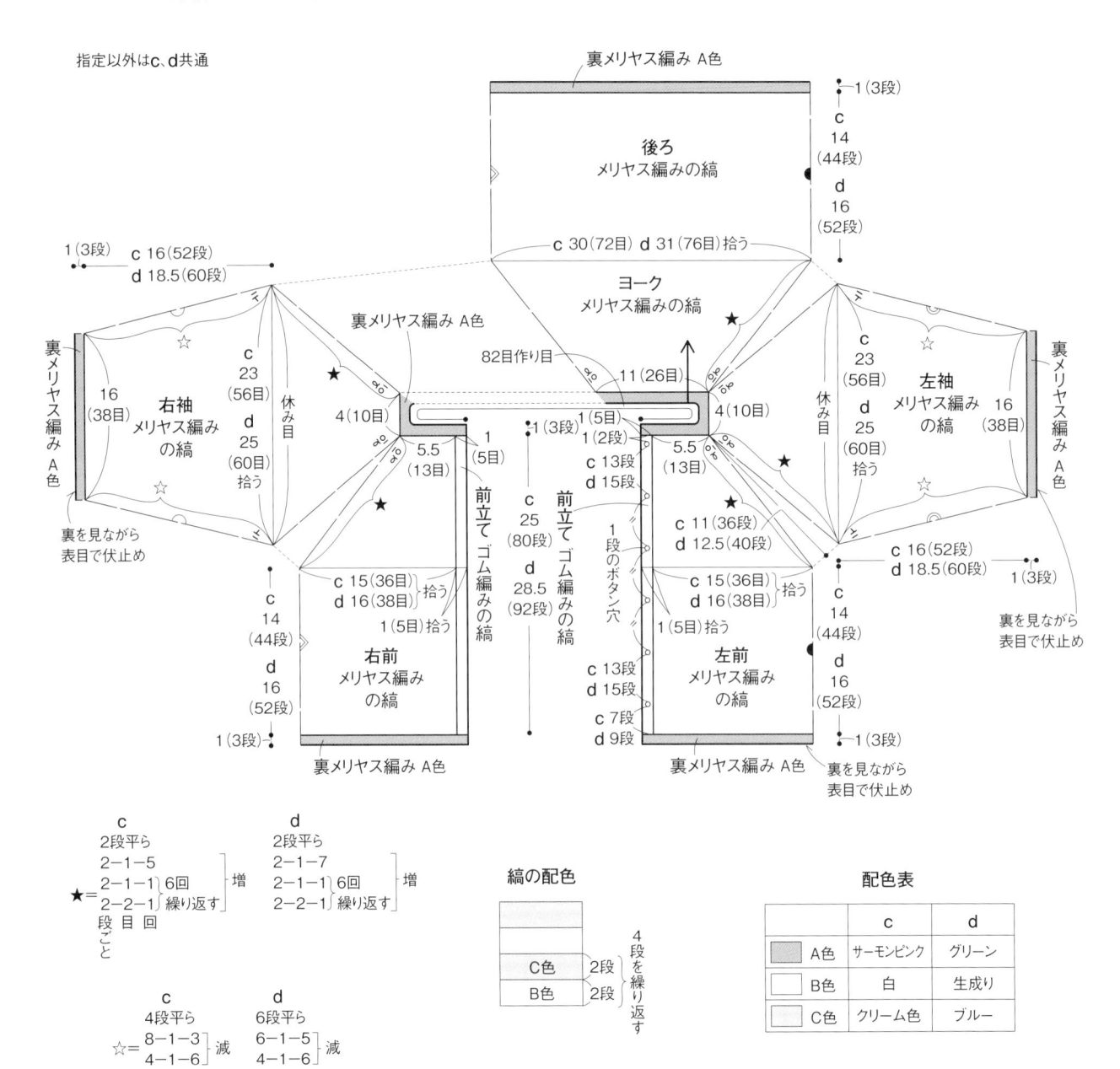

指定以外はc、d共通

後ろ　メリヤス編みの縞
裏メリヤス編み A色
1(3段)　c 14(44段)　d 16(52段)

ヨーク　メリヤス編みの縞
c 30(72目) d 31(76目)拾う
82目作り目
11(26目)

右袖 メリヤス編みの縞
c 23(56目) d 25(60目)拾う
16(38目)
裏メリヤス編み A色
裏を見ながら表目で伏止め
1(3段)　c 16(52段) d 18.5(60段)

左袖 メリヤス編みの縞
c 23(56目) d 25(60目)拾う
16(38目)
裏メリヤス編み A色
裏を見ながら表目で伏止め
1(3段)　c 16(52段) d 18.5(60段)

休み目　4(10目)　5.5(13目)
前立て ゴム編みの縞　c 25(80段) d 28.5(92段)
1段のボタン穴
1(5目)　1(3段)　1(2段)
c 13段 d 15段

右前 メリヤス編みの縞
c 15(36目) d 16(38目)拾う
1(5目)拾う
c 14(44段) d 16(52段)
1(3段)
裏メリヤス編み A色

左前 メリヤス編みの縞
c 11(36段) d 12.5(40段)
c 15(36目) d 16(38目)拾う
c 13段 d 15段
c 7段 d 9段
c 14(44段) d 16(52段)
1(3段)
裏メリヤス編み A色
裏を見ながら表目で伏止め

★=
c	d
2段平ら	2段平ら
2-1-5	2-1-7
2-1-1 6回	2-1-1 6回
2-2-1 繰り返す	2-2-1 繰り返す
段 目 回　増

☆=
c	d
4段平ら	6段平ら
8-1-3	6-1-5
4-1-6 減	4-1-6 減

縞の配色

C色	2段
B色	2段

4段を繰り返す

配色表

	c	d
A色	サーモンピンク	グリーン
B色	白	生成り
C色	クリーム色	ブルー

ヨークの増し方

メリヤス編みの縞

裏メリヤス編み

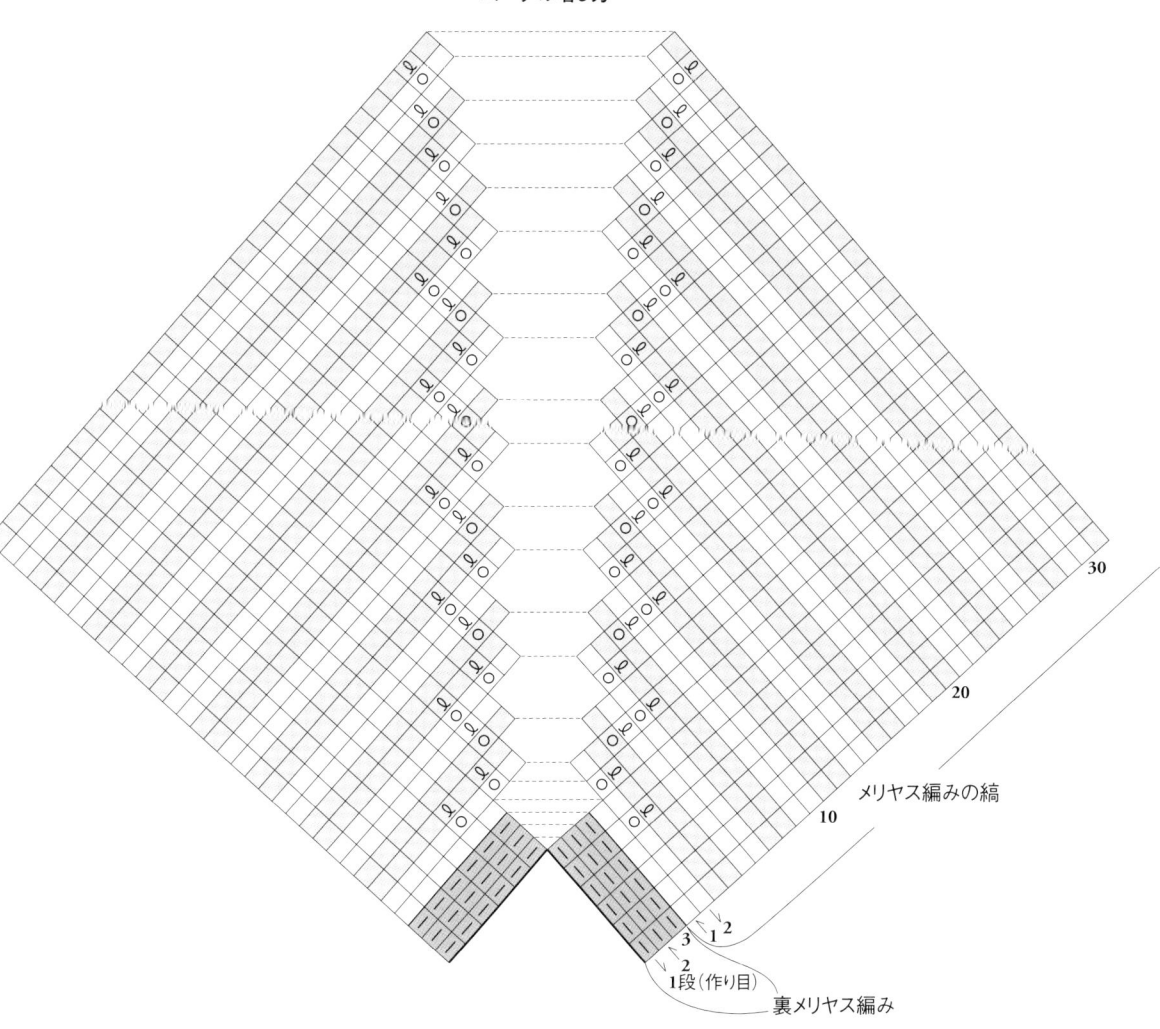

ボタン穴の編み方

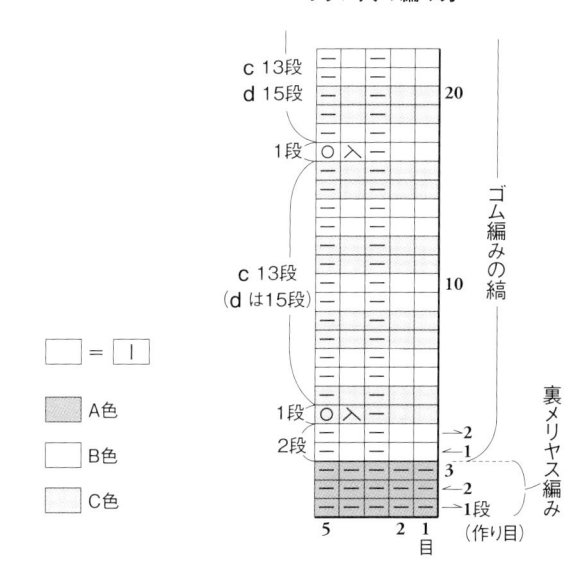

c 13段
d 15段

1段

c 13段
(d は15段)

1段

2段

ゴム編みの縞

裏メリヤス編み

(作り目)

□ = │

■ A色
□ B色
□ C色

かぎ針編みのベスト 28ページ

サイズ c = 80cm、d = 90cm

- **糸** ハマナカ フラックスC
  灰ピンク（106）c 100g　d 120g
- **用具** 4/0号かぎ針
- **その他** 直径1.8cmのボタン6個
- **ゲージ** 模様編み
  2模様が約3.7cm、13.5段が10cm
- **サイズ** c 前幅33cm、着丈28cm、背肩幅20cm
  d 前幅33cm、着丈32.5cm、背肩幅20cm
- **編み方** 糸は1本どりで編みます。
  前後身頃は続けて鎖編みで330目作り目し、模様編みで左前身頃にボタン穴をあけながら編みます。袖ぐりからは左右前身頃と後ろ身頃を別々に、図のように減らしながら編みます。
  肩を巻きかがりはぎにします。
  ひもを編んで指定の位置につけます。
  ボタンをつけます。

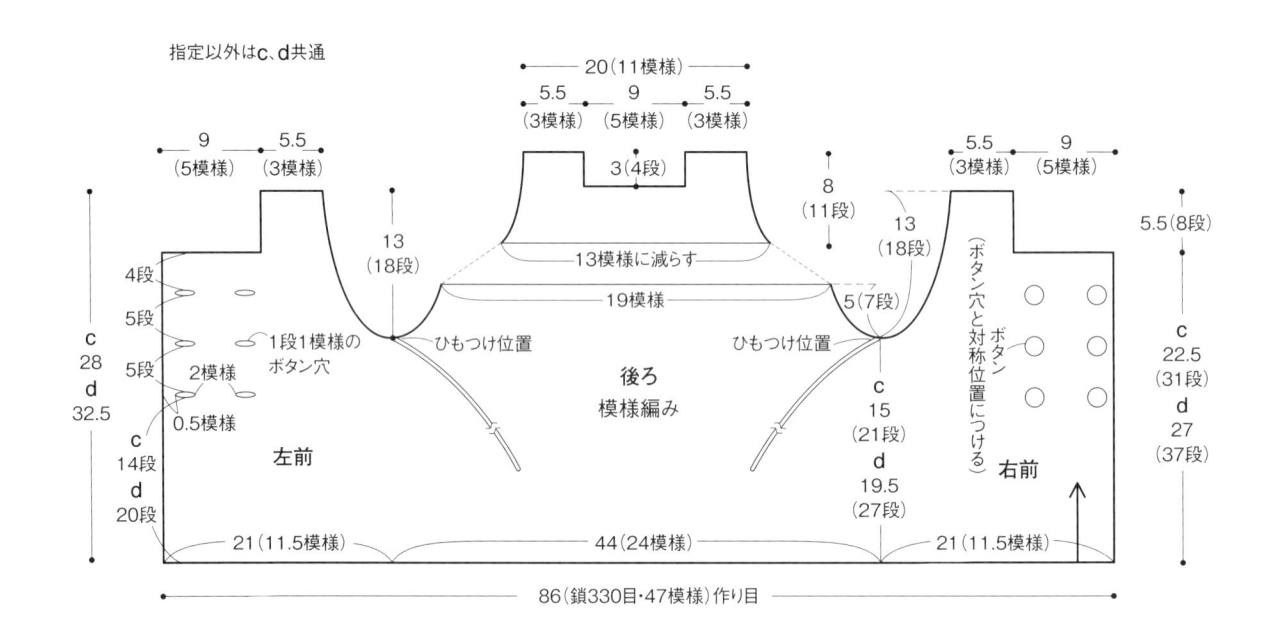

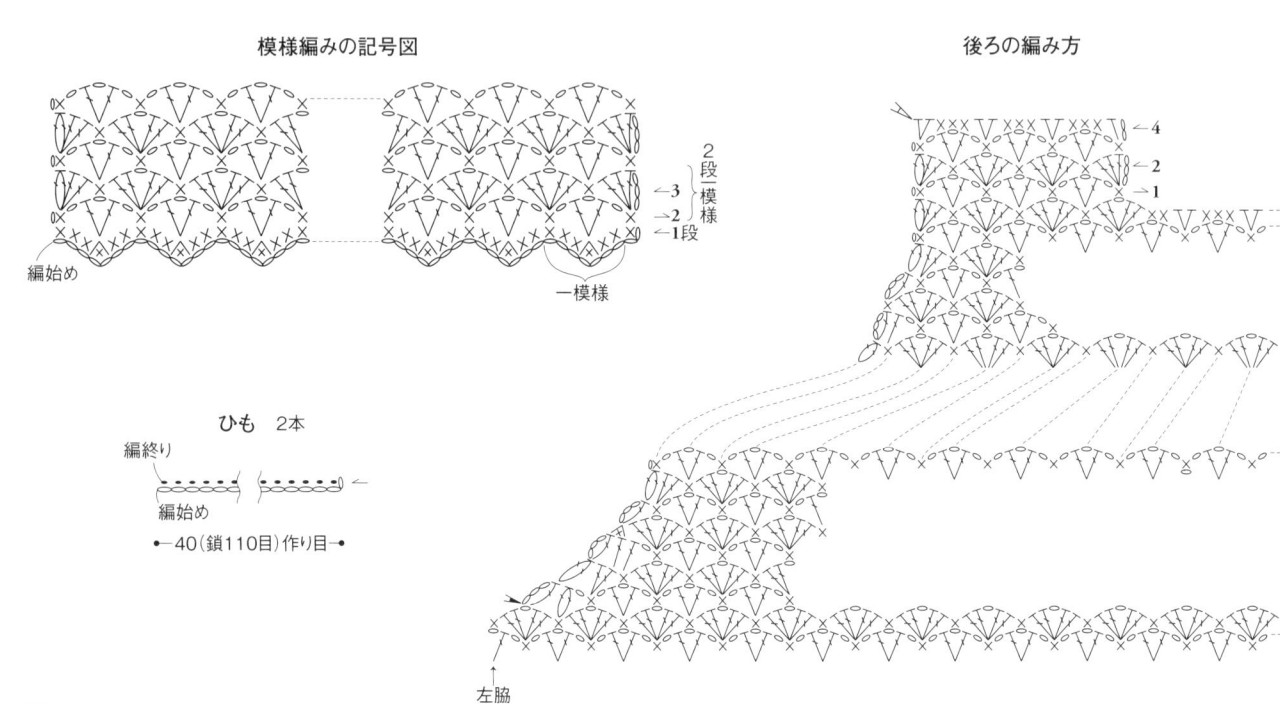

左前の編み方

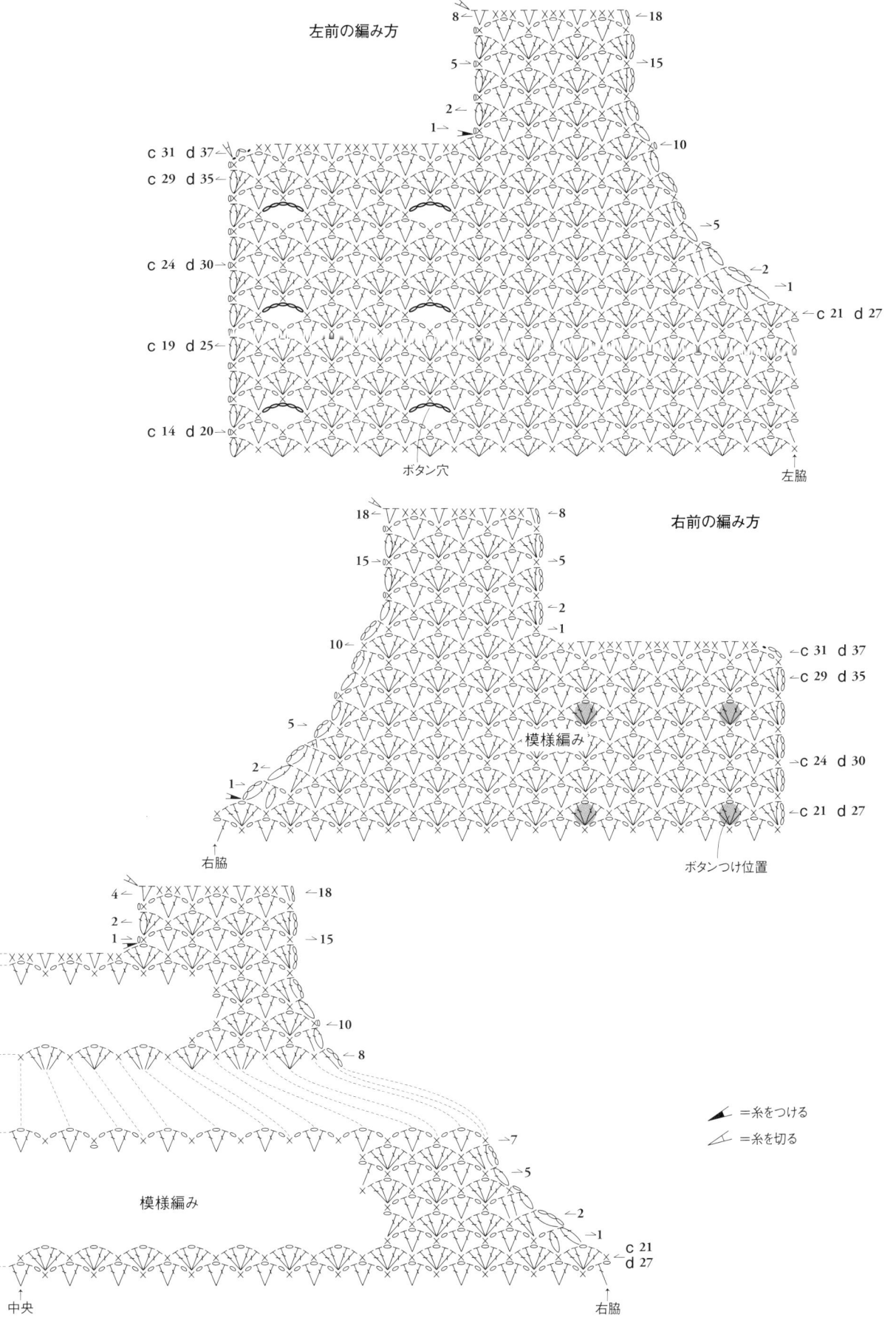

c 31　d 37
c 29　d 35
c 24　d 30
c 19　d 25
c 14　d 20

ボタン穴　　　左脇

c 21　d 27

右前の編み方

c 31　d 37
c 29　d 35
c 24　d 30
c 21　d 27

模様編み

右脇　　　ボタンつけ位置

模様編み

中央　　　右脇

c 21
d 27

◢ ＝糸をつける
◿ ＝糸を切る

ガーター編みのベスト 29ページ

サイズ c＝80cm、d＝90cm

- **糸** ハマナカ ポーム《無垢綿》クロッシェ
  生成り（1） c 60g　d 70g
  ハマナカ ポーム《草木染め》クロッシェ
  灰黄色（71） c 50g　d 60g
- **用具** 8号2本棒針　4/0号かぎ針
- **その他** 直径1.8cmのボタン 3個
- **ゲージ** ガーター編み　19目29段が10cm四方
- **サイズ** c 後ろ幅28cm、着丈29cm、背肩幅19cm
  d 後ろ幅30cm、着丈32cm、背肩幅20cm

- **編み方** 糸はポケット以外、生成りと灰黄色各1本を引きそろえ、8号針で編みます。
前後身頃は指に糸をかける方法で作り目し、ガーター編みで図のように編みますが、左前にはボタン穴をあけながら編みます。
肩は引抜きはぎにし、脇は灰黄色1本ですくいとじにします。
ポケットは生成り1本どり、4/0号針で編みます。輪の作り目をし、長編みで図のように増しながら9段めまで編み、最終段は細編みで編みます。指定の位置にポケットをつけます。
ボタンをつけます。

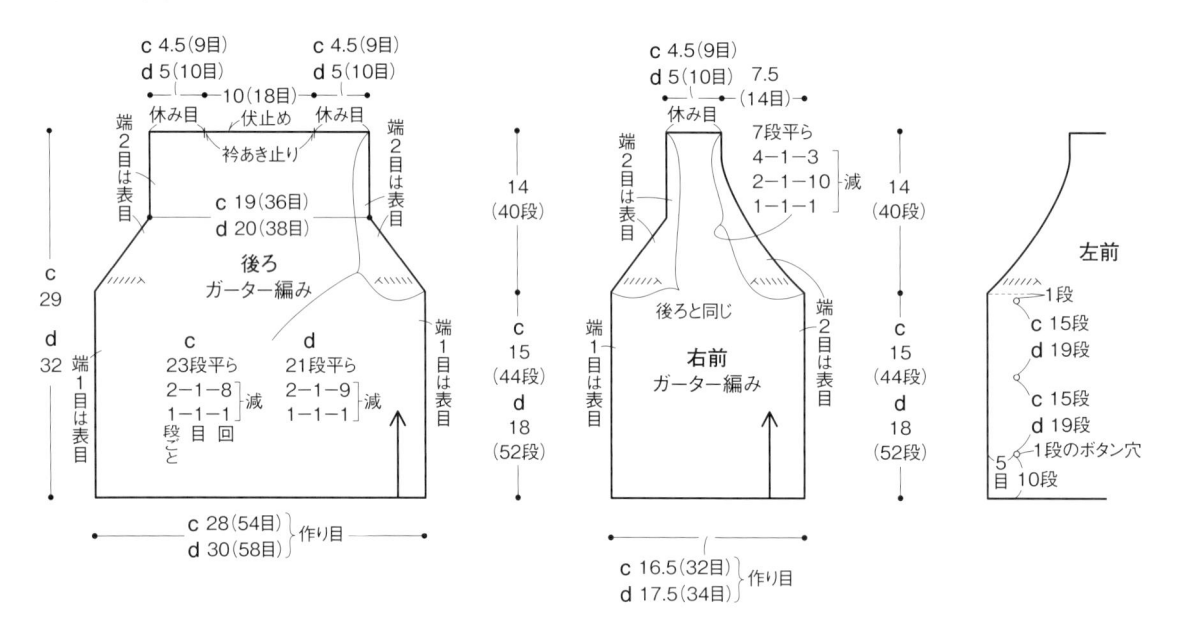

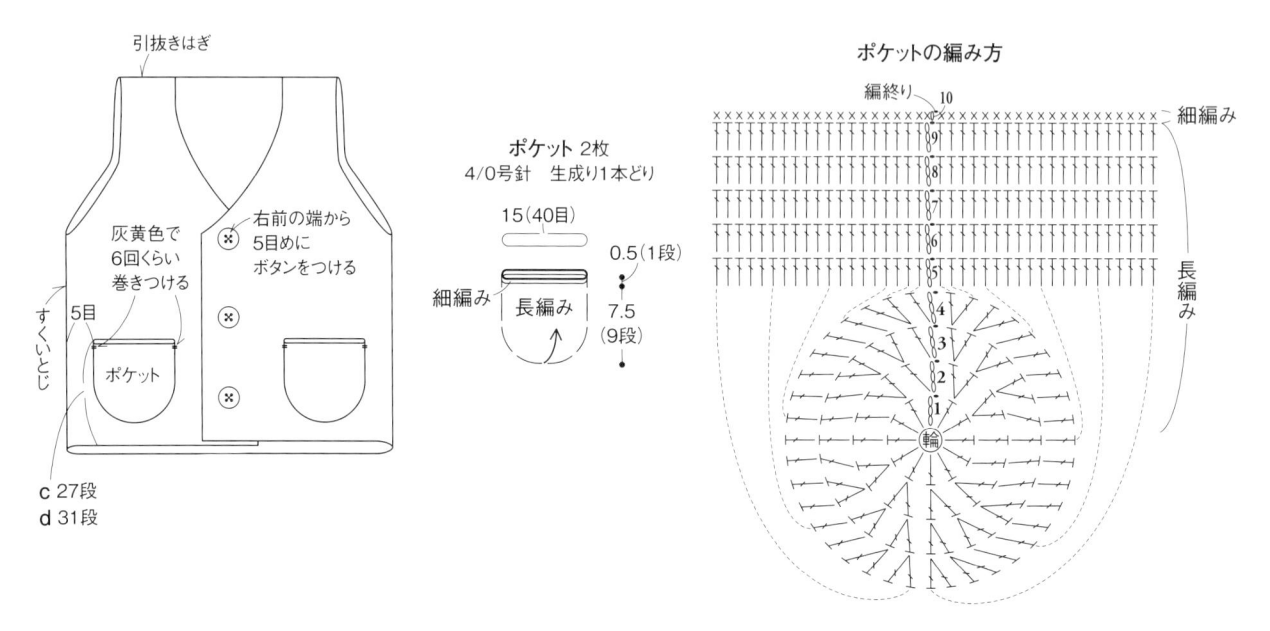

後ろの編み方

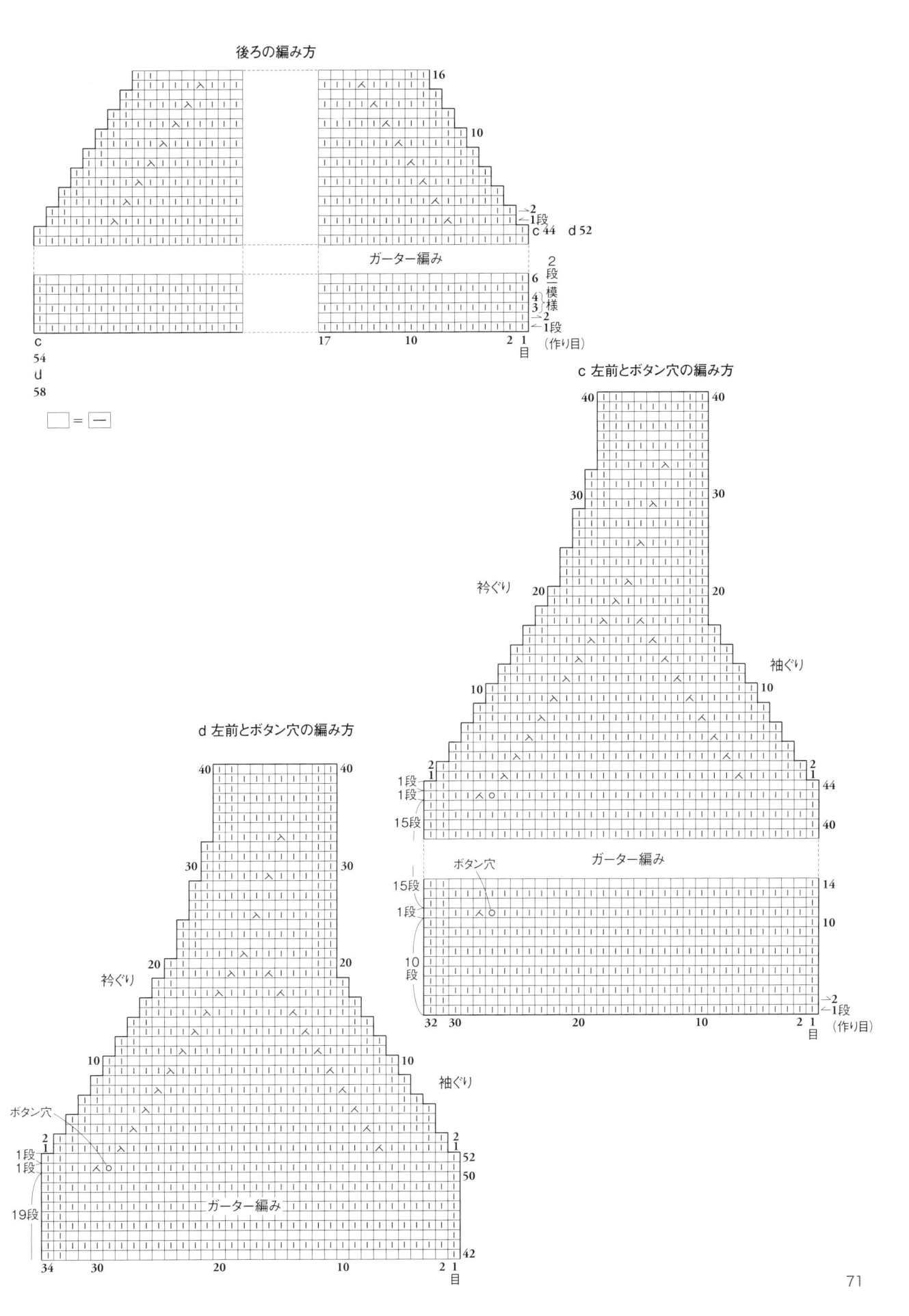

ガーター編み

c 44　d 52
c 54
d 58

□ = —

c 左前とボタン穴の編み方

衿ぐり　袖ぐり　ボタン穴　ガーター編み

d 左前とボタン穴の編み方

衿ぐり　袖ぐり　ボタン穴　ガーター編み

アラン模様のパンツとスカート 30-31 ページ

　サイズ　c＝80cm、d＝90cm

● 糸
パンツ　ハマナカ ポーム《彩土染め》
　　　　グレー（45）c 80g　d 105g
スカート　ハマナカ ポーム ベビーカラー
　　　　ローズピンク（96）c 75g　d 95g
● 用具　5号4本棒針
● その他　幅1.2cmの平ゴムテープ
　　　　c 42cm　d 44cm
● ゲージ　模様編みA 31目30.5段が10cm四方
　　　　模様編みB 29目30.5段が10cm四方
● サイズ　パンツ　c ウエスト40cm、丈23.5cm
　　　　　　　　　d ウエスト42cm、丈28.5cm
　　　　　スカート　c ウエスト40cm、丈22cm
　　　　　　　　　　d ウエスト42cm、丈27cm

● 編み方　糸は1本どりで編みます。
スカート、パンツは指に糸をかける方法で作り目して輪にし、メリヤス編みを11段編み、裏メリヤス編みを1段編みます。続けて増し目をし、模様編みA、Bを編み、休み目にします。
パンツの後ろ中央部分を19目拾い、股を1目ゴム編みで編みます。編終りは休み目にし、前の☆部分と引抜きはぎにします。
股と休み目から拾い目し、左右股下をそれぞれ模様編みA、Bと2目ゴム編みで輪に編み、編終りは前段と同じ記号で伏止めにします。
スカートは模様編みA、Bに続けて2目ゴム編みを編み、編終りは前段と同じ記号で伏止めにします。
ウエストは折り返し分を裏側に折り、輪に縫っておいた平ゴムテープをはさんでまつります。

指定以外はc、d共通

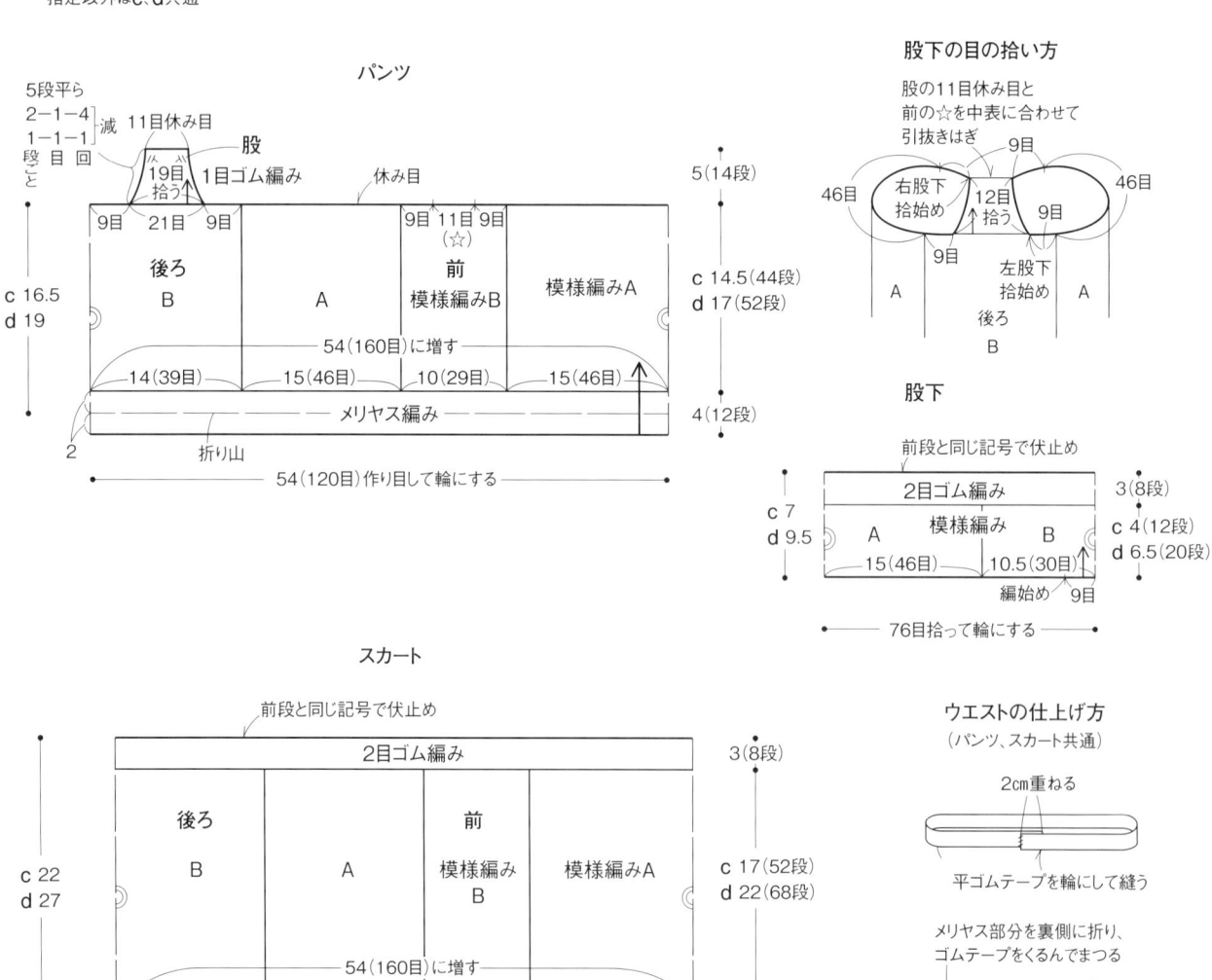

スカート・パンツの編み方

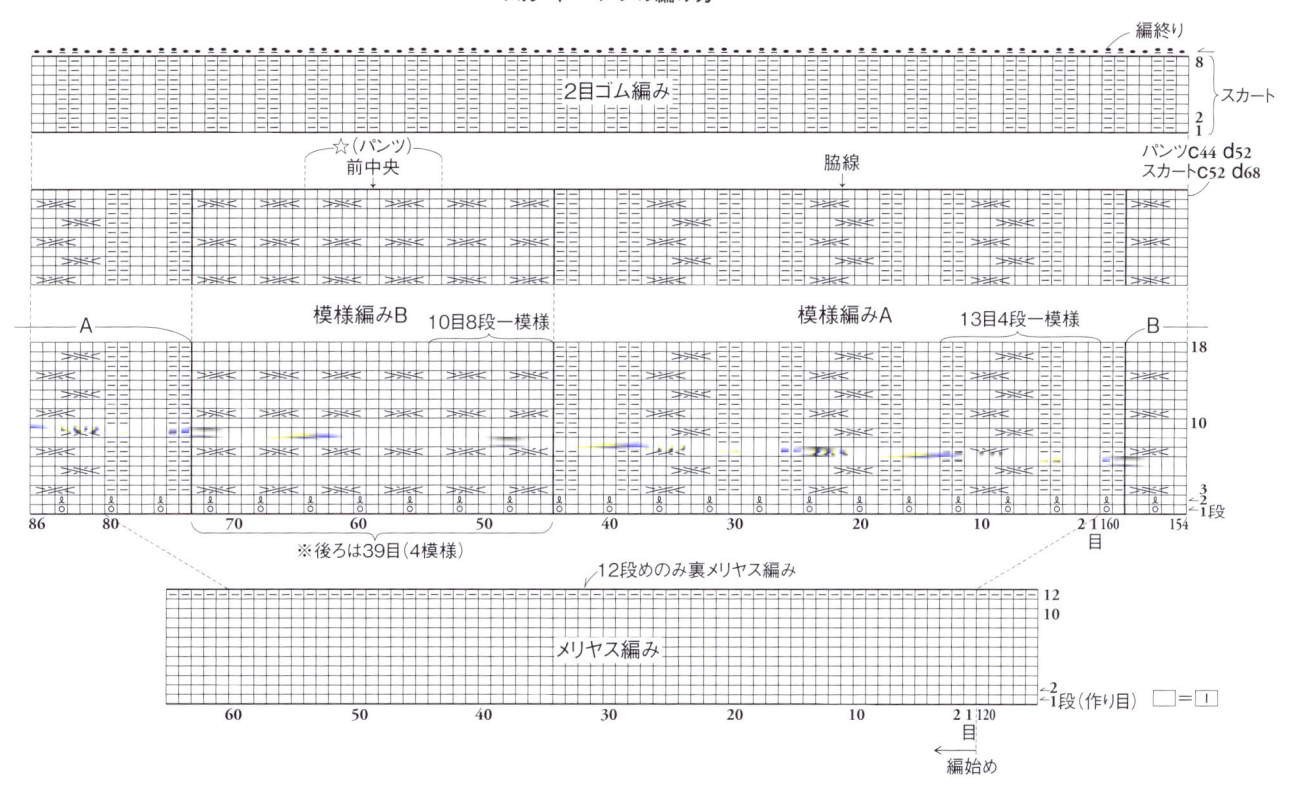

編終り

2目ゴム編み

スカート

パンツ c44 d52
スカート c52 d68

☆(パンツ)前中央　　脇線

A　模様編みB　10目8段一模様　　模様編みA　13目4段一模様　B

※後ろは39目(4模様)

12段めのみ裏メリヤス編み

メリヤス編み

1段(作り目)　□=|

目　編始め

パンツの股の編み方　1目ゴム編み

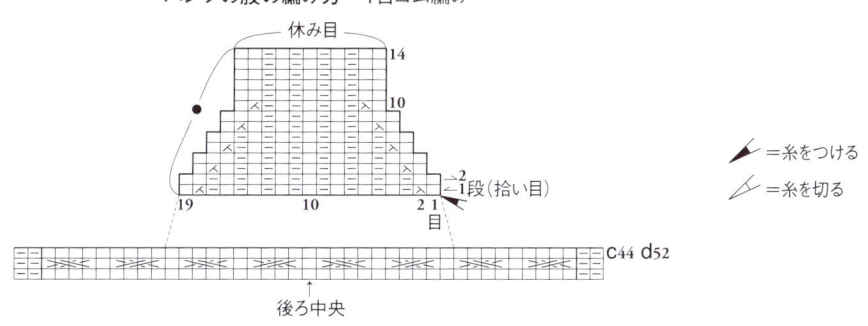

休み目

1段(拾い目)

c44 d52

後ろ中央

▶ =糸をつける
✗ =糸を切る

パンツの股下の編み方

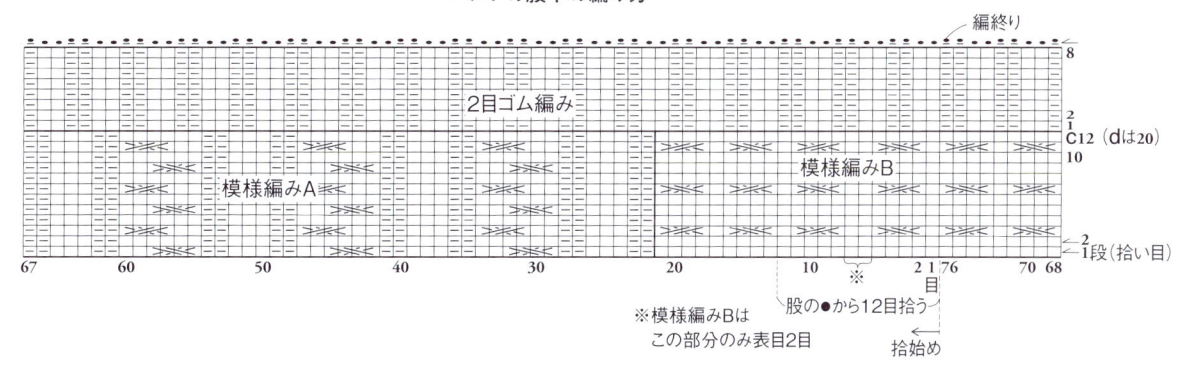

編終り

2目ゴム編み

c12 (dは20)

模様編みA　　模様編みB

1段(拾い目)

股の●から12目拾う

拾始め

※模様編みBはこの部分のみ表目2目

編み物の基礎　棒針編み

製図の見方

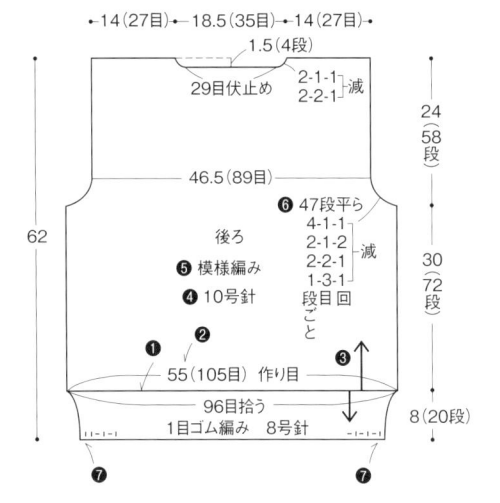

- 14(27目) — 18.5(35目) — 14(27目)
- 1.5(4段)
- 29目伏止め
- 2-1-1 }減
- 2-2-1
- 24(58段)
- 46.5(89目)
- ❻ 47段平ら
- 4-1-1
- 2-1-2 }減
- 2-2-1
- 1-3-1
- 段目回ごと
- 後ろ
- ❺ 模様編み
- ❹ 10号針
- 30(72段)
- 62
- ❶
- ❷
- ❸
- 55(105目) 作り目
- 96目拾う
- 1目ゴム編み　8号針
- 8(20段)
- ❼

計算

47段平ら
4-1-1
2-1-2 }減
2-2-1
1-3-1
段目回ごと

→

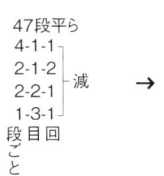

増す場合は減し方と同じ要領で減し目を増し目に変えます

記号図で表わした場合

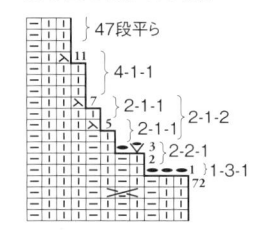

- 47段平ら
- 4-1-1
- 2-1-2 }2-1-1
- 2-2-1
- 1-3-1

❶編み始め位置
❷寸法(cm)
❸編む方向
❹使う針
❺編み地
❻計算
❼ゴム編みの端目の記号

[作り目]　指に糸をかけて目を作る方法

1 糸端から編む寸法の約3倍の長さのところで輪を作り、棒針をそろえて輪の中に通します

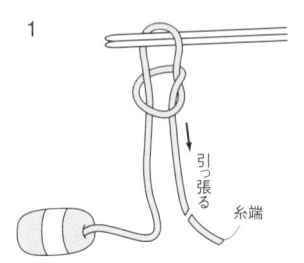

2 輪を引き締めます

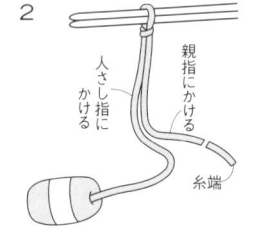

3 短いほうを左手の親指に、糸玉のほうを人さし指にかけ、右手は輪のところを押さえながら棒針を持ちます。親指にかかっている糸を図のようにすくいます

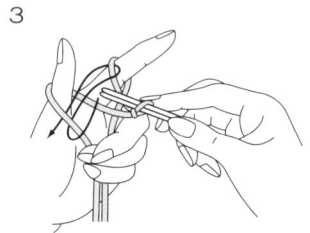

4 すくい終わったところ

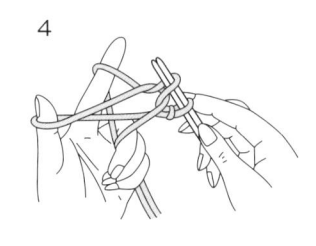

5 親指にかかっている糸をはずし、その下側をかけ直しながら結び目を締めます

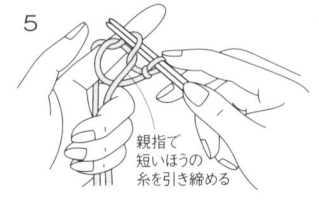

6 親指と人さし指を最初の形にします。3〜6を繰り返します

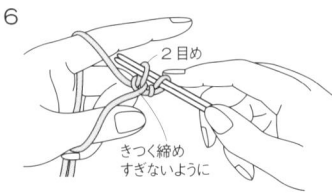

7 必要目数を作ります。これを表目1段と数えます

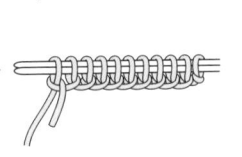

8 2本の棒から1本を抜き、糸のある側から2段めを編みます

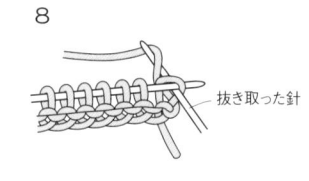

[編み目記号]

表目 |

1. 糸を向う側におき、左側の目に手前から針を入れます
2. 右針に糸をかけ、矢印のように引き出します
3. 引き出しながら、左針から目をはずします
4.

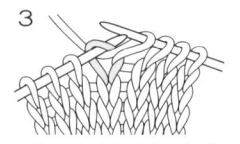

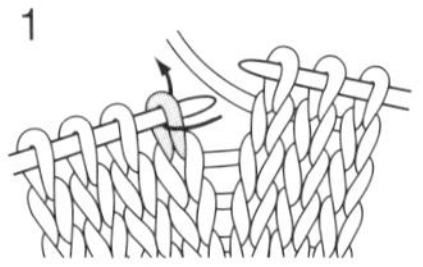

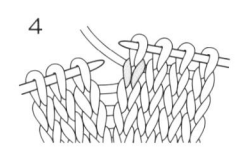

裏目 —

1. 糸を手前におき、左側の目に向う側から針を入れます
2. 右針に糸をかけ、矢印のように引き出します
3. 引き出しながら、左針から目をはずします
4.

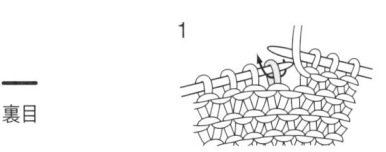

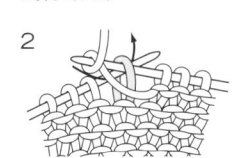

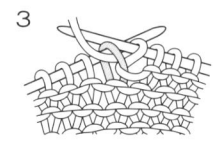

74

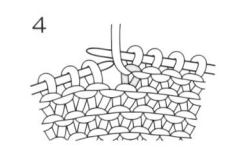

右上2目一度 ∧

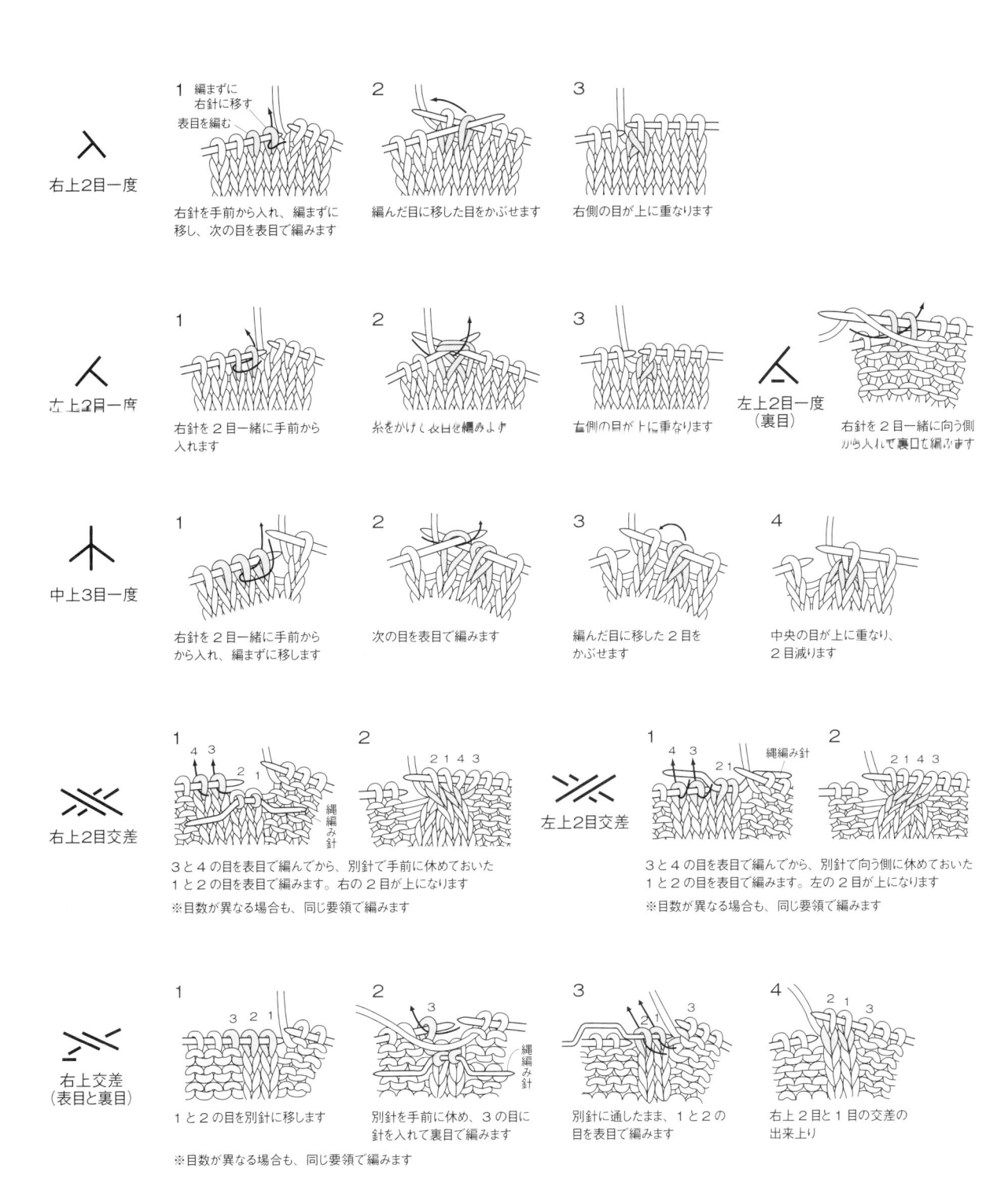

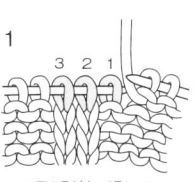

1. 編まずに右針に移す / 表目を編む
   右針を手前から入れ、編まずに移し、次の目を表目で編みます
2. 編んだ目に移した目をかぶせます
3. 右側の目が上に重なります

左上2目一度 ∧

1. 右針を2目一緒に手前から入れます
2. 糸をかけ、2目を編みます
3. 右側の目が上に重なります

左上2目一度（裏目） ∧

右針を2目一緒に向う側から入れて裏目を編みます

中上3目一度 ∧

1. 右針を2目一緒に手前から入れ、編まずに移します
2. 次の目を表目で編みます
3. 編んだ目に移した2目をかぶせます
4. 中央の目が上に重なり、2目減ります

右上2目交差

1. 3と4の目を表目で編んでから、別針で手前に休めておいた1と2の目を表目で編みます。右の2目が上になります
2.
※目数が異なる場合も、同じ要領で編みます

左上2目交差

1. 3と4の目を表目で編んでから、別針で向う側に休めておいた1と2の目を表目で編みます。左の2目が上になります
2.
※目数が異なる場合も、同じ要領で編みます

右上交差（表目と裏目）

1. 1と2の目を別針に移します
2. 別針を手前に休め、3の目に針を入れて裏目で編みます
3. 別針に通したまま、1と2の目を表目で編みます
4. 右上2目と1目の交差の出来上り

※目数が異なる場合も、同じ要領で編みます

左上交差（表目と裏目）

1. 1の目を別針に通して向う側に休めます
2. 2と3の目に矢印のように針を入れて表目で編みます
3. 休めておいた1の目を別針のまま、裏目で編みます
4. 左上2目と1目の交差の出来上り

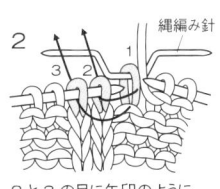

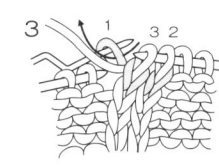

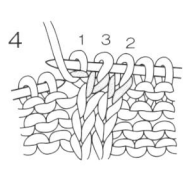

※目数が異なる場合も、同じ要領で編みます

○ かけ目

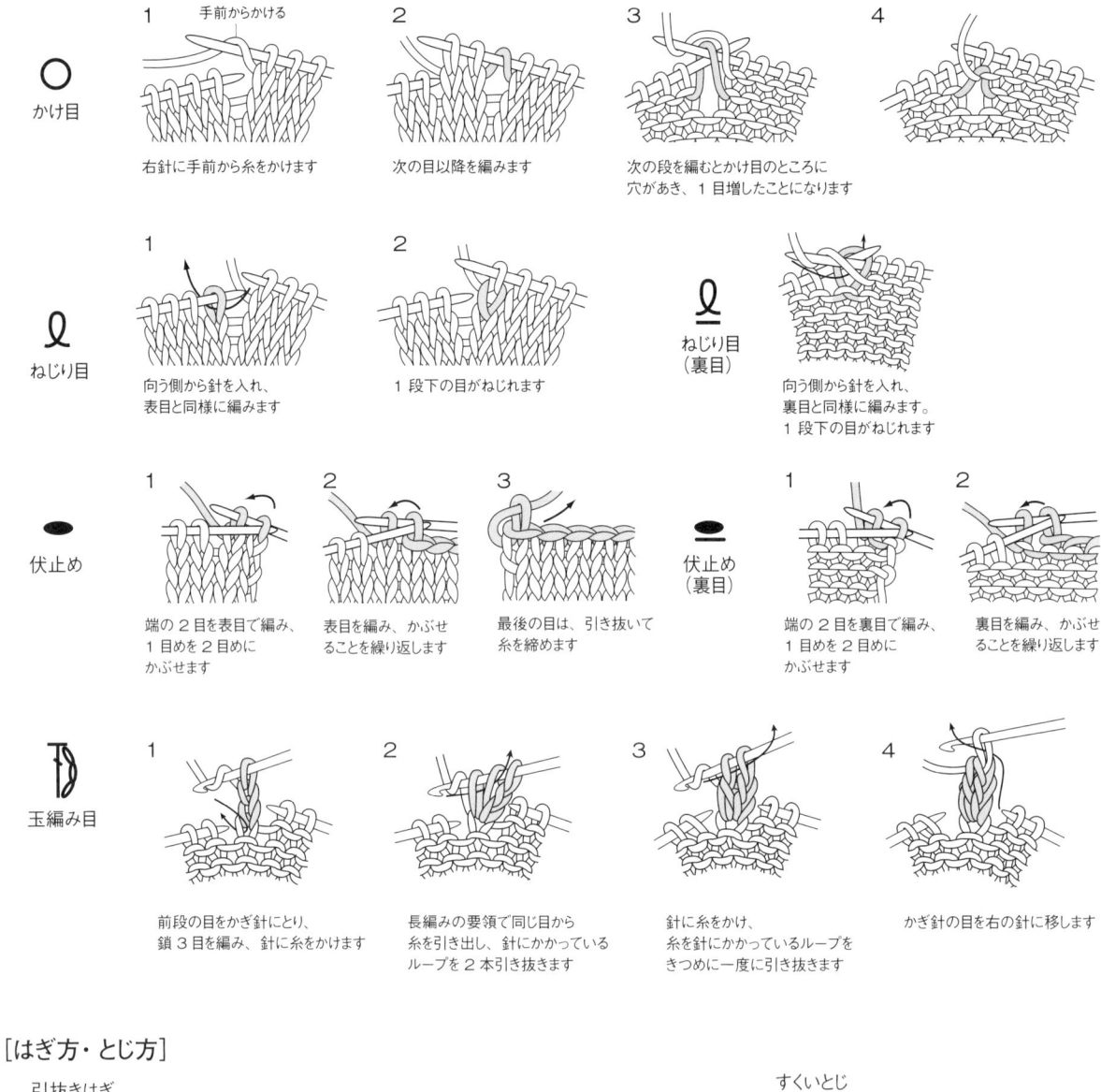

1 手前からかける
右針に手前から糸をかけます

2 次の目以降を編みます

3 次の段を編むとかけ目のところに穴があき、1目増したことになります

4

Q ねじり目

1 向う側から針を入れ、表目と同様に編みます

2 1段下の目がねじれます

Q ねじり目（裏目）
向う側から針を入れ、裏目と同様に編みます。1段下の目がねじれます

伏止め

1 端の2目を表目で編み、1目めを2目めにかぶせます

2 表目を編み、かぶせることを繰り返します

3 最後の目は、引き抜いて糸を締めます

伏止め（裏目）

1 端の2目を裏目で編み、1目めを2目めにかぶせます

2 裏目を編み、かぶせることを繰り返します

玉編み目

1 前段の目をかぎ針にとり、鎖3目を編み、針に糸をかけます

2 長編みの要領で同じ目から糸を引き出し、針にかかっているループを2本引き抜きます

3 針に糸をかけ、糸を針にかかっているループをきつめに一度に引き抜きます

4 かぎ針の目を右の針に移します

[はぎ方・とじ方]

引抜きはぎ

1 （表）（裏）

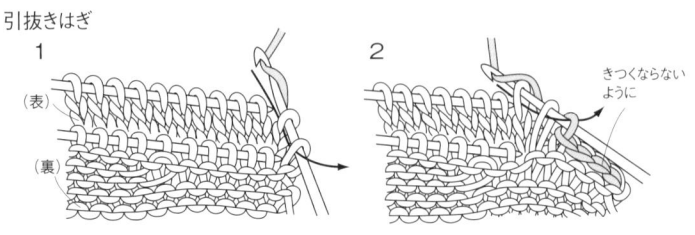

2 きつくならないように

肩はぎでよく使う方法です。編み地を中表にして持ち、かぎ針で手前と向うの1目ずつをとって引き抜きます

すくいとじ

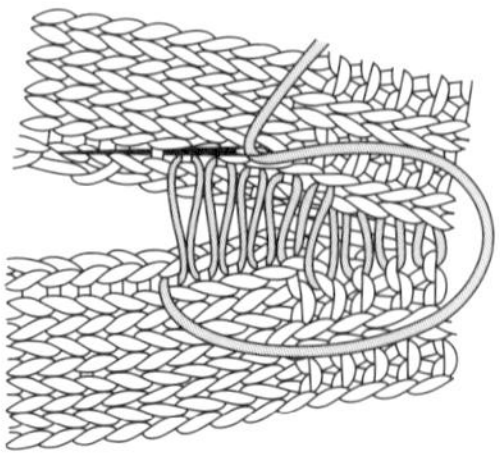

1目めと2目めの間の渡り糸を1段ずつ交互にすくいます

[フリンジのつけ方]

1 糸を必要本数を指定の長さにカットし、かぎ針を図のように入れ、半分に折った糸をかけます

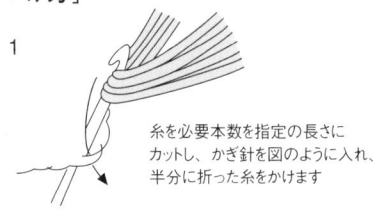

2 輪の中に糸を引き出し、指定の長さにカットします

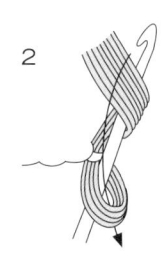

編み物の基礎　かぎ針編み

［作り目］

編始めの方法

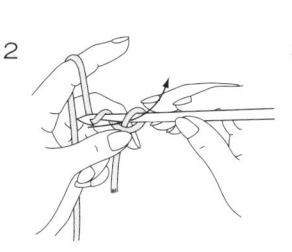

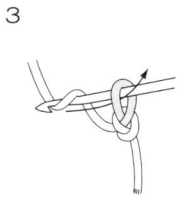

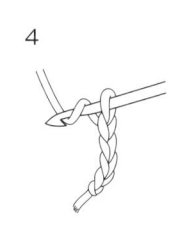

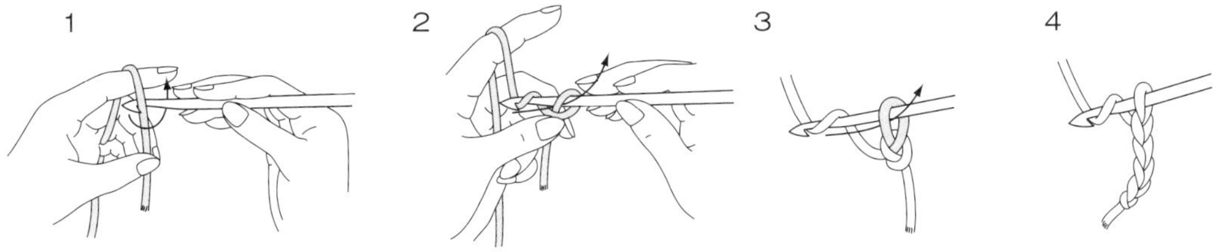

1. 左手にかけた編み糸に針を内側から入れて糸をねじります
2. 人さし指にかかっている糸を針にかけて引き出します
3. 針に糸をかけて引き出します。これを繰り返します
4.

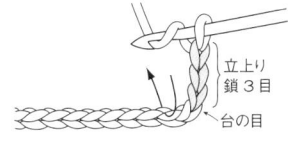

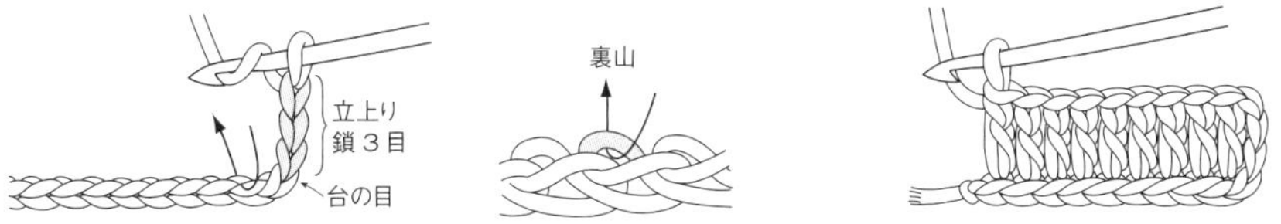

鎖目からの平編み

鎖状になっているほうを下に向け、裏側の山に針を入れます

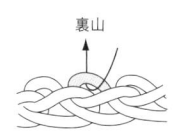

立上り鎖3目
台の目
裏山

下側に鎖状の目がきれいに並びます

2重の輪の作り目

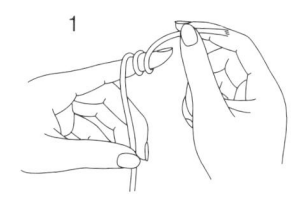

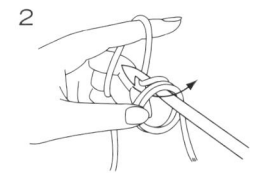

1. 指に2回巻きます
2. 糸端を手前にして輪の中から糸を引き出します
3. 1目編みます。この目は立上りの目の数に入れます

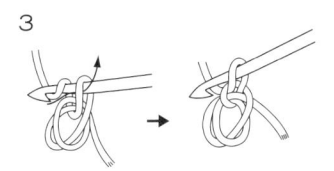

［編み目記号］

○ 鎖編み

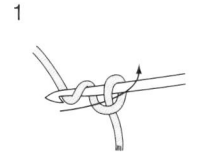

いちばん基本になる編み方で、作り目や立上りなどに使います

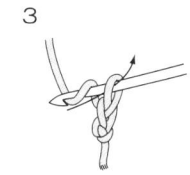

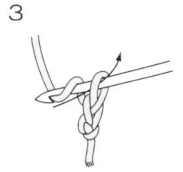

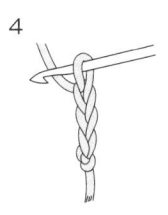

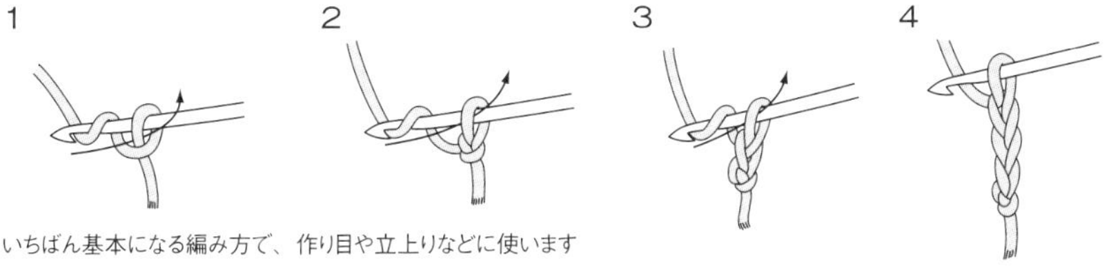

× 細編み

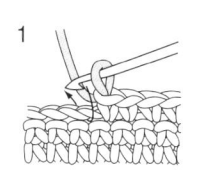

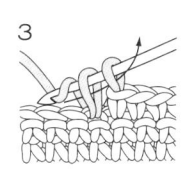

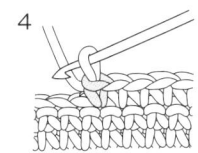

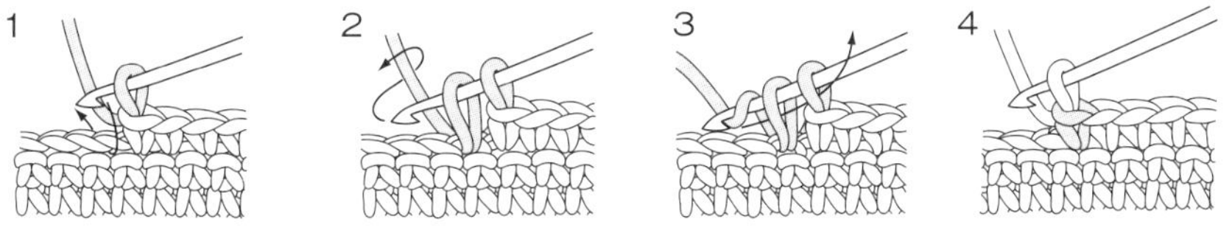

立上りに鎖1目の高さを持つ編み目。針にかかっている2本のループを一度に引き抜きます

● 引抜き編み

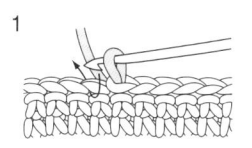

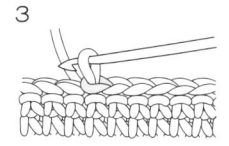

前段の編み目に針を入れ、糸をかけて一度に引き抜きます

中長編み

立上りに鎖2目の高さを持つ編み目。針にかかっている3本のループを一度に引き抜きます

長編み

立上りに鎖3目の高さを持つ編み目。1回針に糸をかけ、針にかかっているループを2本ずつ2回引き抜きます

細編み2目一度

前段の目から糸を引き出しただけの未完成の2目を、針に糸をかけて一度に引き抜いて1目減らします

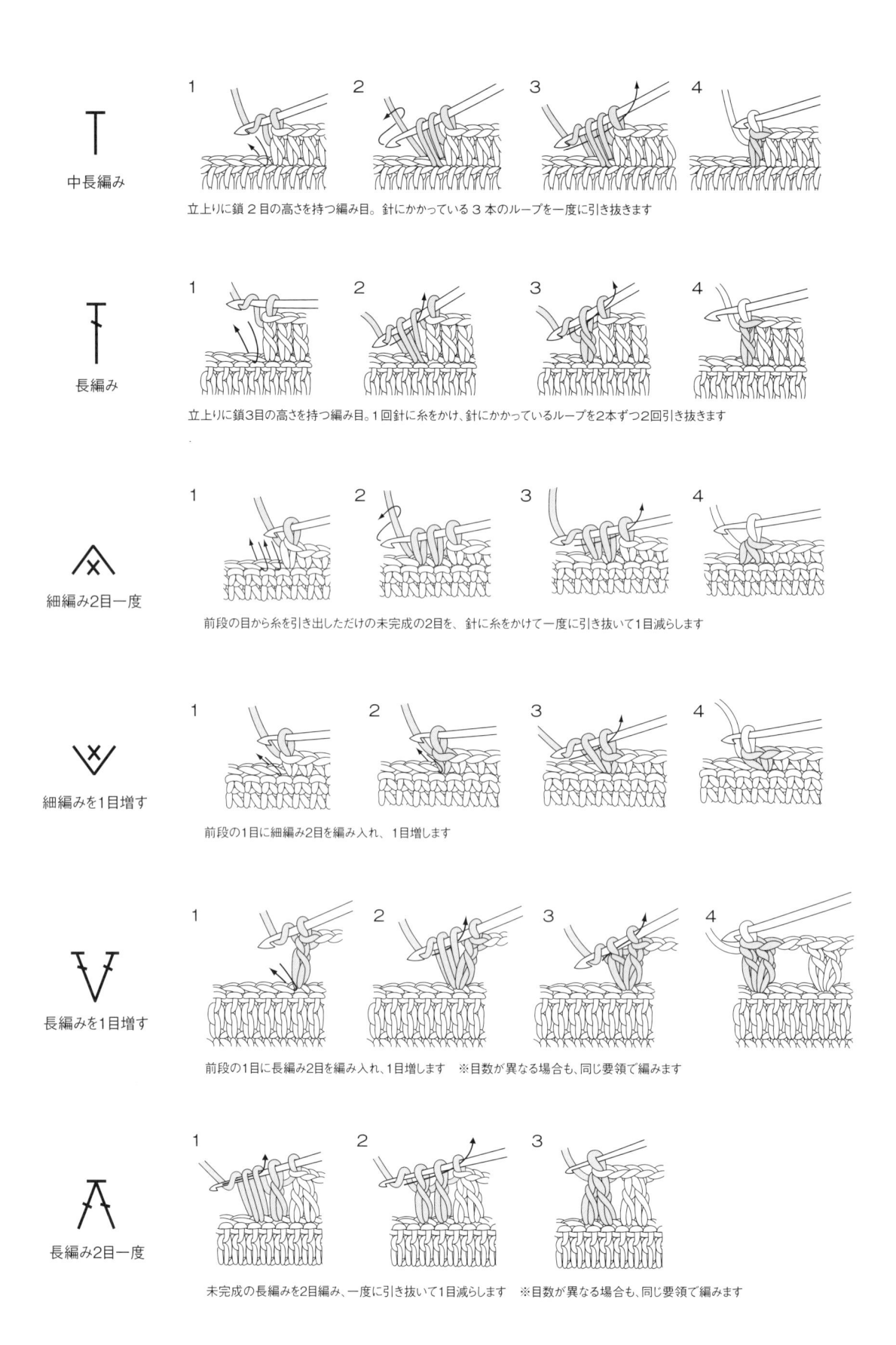

細編みを1目増す

前段の1目に細編み2目を編み入れ、1目増します

長編みを1目増す

前段の1目に長編み2目を編み入れ、1目増します　※目数が異なる場合も、同じ要領で編みます

長編み2目一度

未完成の長編みを2目編み、一度に引き抜いて1目減らします　※目数が異なる場合も、同じ要領で編みます

長編み3目の玉編み

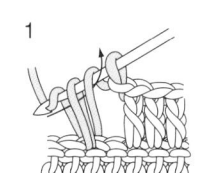

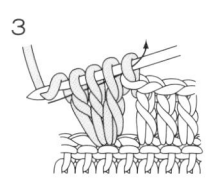

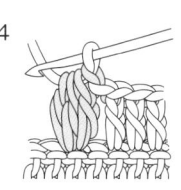

1　2　3　4

前段の1目に未完成の長編みを3目編み、一度に引き抜きます　※目数が異なる場合も、同じ要領で編みます

長編み5目のパプコーン編み

※目数が異なる場合も、同じ要領で編みます

1　同じ目に長編みを5目編み入れます

2　針を抜き、矢印のように入れ直します

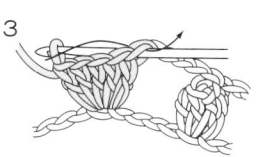

3　目を引き出します

4　引き出した目がゆるまないように、鎖編みを1目編みます

5

6　4の鎖編みが目の頭になります

∨と∧の区別

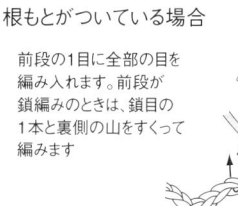

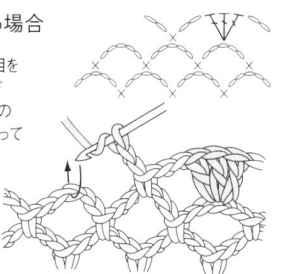

根もとがついている場合
前段の1目に全部の目を編み入れます。前段が鎖編みのときは、鎖目の1本と裏側の山をすくって編みます

根もとがついていない場合
前段が鎖編みのとき、一般的には鎖編みを全部すくって編みます（「束にすくう」と言います）

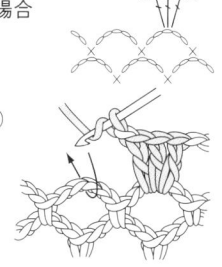

[はぎ方・とじ方]

鎖とじ

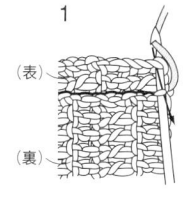

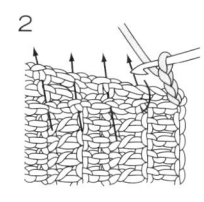

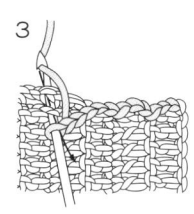

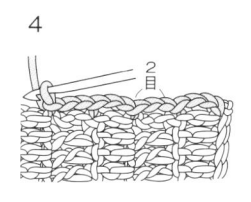

1　2　3　4

（表）（裏）　2目

中表にして針を入れ、鎖2目を編み、段の頭の目を割って針を入れて引き抜きます　※鎖の目数が異なる場合や細編みでつなぐ場合も、同じ要領で編みます

鎖はぎ

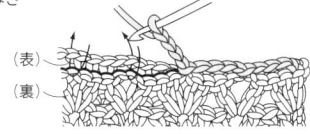

（表）（裏）

編み地を中表に合わせ、端の目に針を入れて、引抜き編みと鎖編みを繰り返します。鎖の目数は、表地に合わせて調節します
※鎖の目数が異なる場合や細編みでつなぐ場合も、同じ要領で編みます

巻きかがりはぎ（全目）

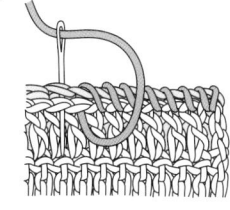

鎖目の頭を2本すくってはぎ合わせます

巻きかがりはぎ（半目）

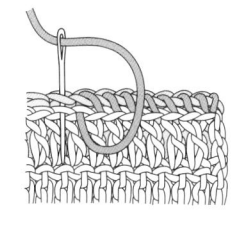

鎖目の頭の内側の半目をすくってはぎ合わせます

michiyo
アパレル・ニットの企画開発に携わった後、
1998年よりベビーとキッズのニット製作から、作家としての創作活動をスタート。
トレンドをとらえたデザイン性の高さと編みやすさに定評がある。
著書に『ニットのふだん着』シリーズ、『ニット男子』シリーズ、
『ふたりのニット』(すべて文化出版局) などがある。
ホームページ　http://michiyo.mabooo.boo.jp

ブックデザイン	林 瑞穂
撮影	角田明子
スタイリング	堀江直子
モデル	アシュフィ煌太朗　根岸笑丸　深谷莉緒　ミユキ S.　ミリーダン
製作協力	飯島裕子　霜田節子　遠山美沙子
トレース	大楽里美　白くま工房
校閲	向井雅子
編集	小出かがり(リトルバード)
	平井典枝(文化出版局)

この本の作品はハマナカ手芸手あみ糸、ハマナカアミアミ手あみ針を使用しています。
糸、材料についてのお問合せは下記へお願いします。
ハマナカ
京都本社　〒616-8585 京都市右京区花園薮ノ下町2-3　TEL.075-463-5151
東京支店　〒103-0007 東京都中央区日本橋浜町1-11-10　TEL.03-3864-5151
ホームページ http://www.hamanaka.co.jp　Eメール iweb@hamanaka.co.jp

編みやすくてかわいい ベビーニット

2014年4月20日　第1刷発行

著　者　michiyo
発行者　大沼 淳
発行所　学校法人文化学園 文化出版局
〒151-8524 東京都渋谷区代々木3-22-1
TEL.03-3299-2487(編集)
TEL.03-3299-2540(営業)
印刷・製本所 株式会社文化カラー印刷

©michiyo 2014　Printed in Japan
本書の写真、カット及び内容の無断転載を禁じます。

・本書のコピー、スキャン、デジタル化等の無断複製は著作権法上での例外を除き、禁じられています。
　本書を代行業者等の第三者に依頼してスキャンやデジタル化することは、たとえ個人や家庭内での利用
　でも著作権法違反になります。
・本書で紹介した作品の全部または一部を商品化、複製頒布、及びコンクールなどの応募作品として出品
　することは禁じられています。
・撮影状況や印刷により、作品の色は実物と多少異なる場合があります。ご了承ください。

文化出版局のホームページ　http://books.bunka.ac.jp/

この本の編み方に関するお問合せは、リトルバードにお願いします。
TEL.03-5309-2260(受付け時間は平日の13～17時)